작지만 완벽한 집

작지만 완벽한 집

비좁고 답답한 집을 살기 편하고 아름답게

사라 엠슬리 지음 | 레이첼 화이팅 사진 | 소피아 신 옮김

WILLSTYLE

BEAUTIFULLY SMALL
Text copyright © Sara Emslie 2014
Design and photographs copyright © Ryland Peters & Small 2014
Korean translation copyright © WILLCOMPANY 2016
Korean edtion arranged through Botong Agency, Seoul, Korea

이 책의 한국어판 저작권은 Botong Agency를 통한 저작권자와의 독점 계약으로 윌컴퍼니가 소유합니다. 저작권법에 의해 한국 내에서 보호를 받는 저작물이므로 무단전재와 무단복제를 금합니다.

CONTENTS

들어가며	7
디자인의 요소	10
스타일의 요소	26
작지만 완벽한 집들	42
심플하고 아름답게	44
작고 컬러풀하게	54
바다의 분위기 그대로	62
어둡고 분위기 있게	70
우아하고 에스닉하게	78
작은 상자들의 하모니	86
밝고 환하게	94
빈티지하고 세련되게	102
거울벽의 효과	112
컬러풀하고 아늑하게	120
아담하고 귀엽게	130
거칠고 자연스럽게	138
현대적이고 스마트하게	148
참고자료	156
감사의 글	158

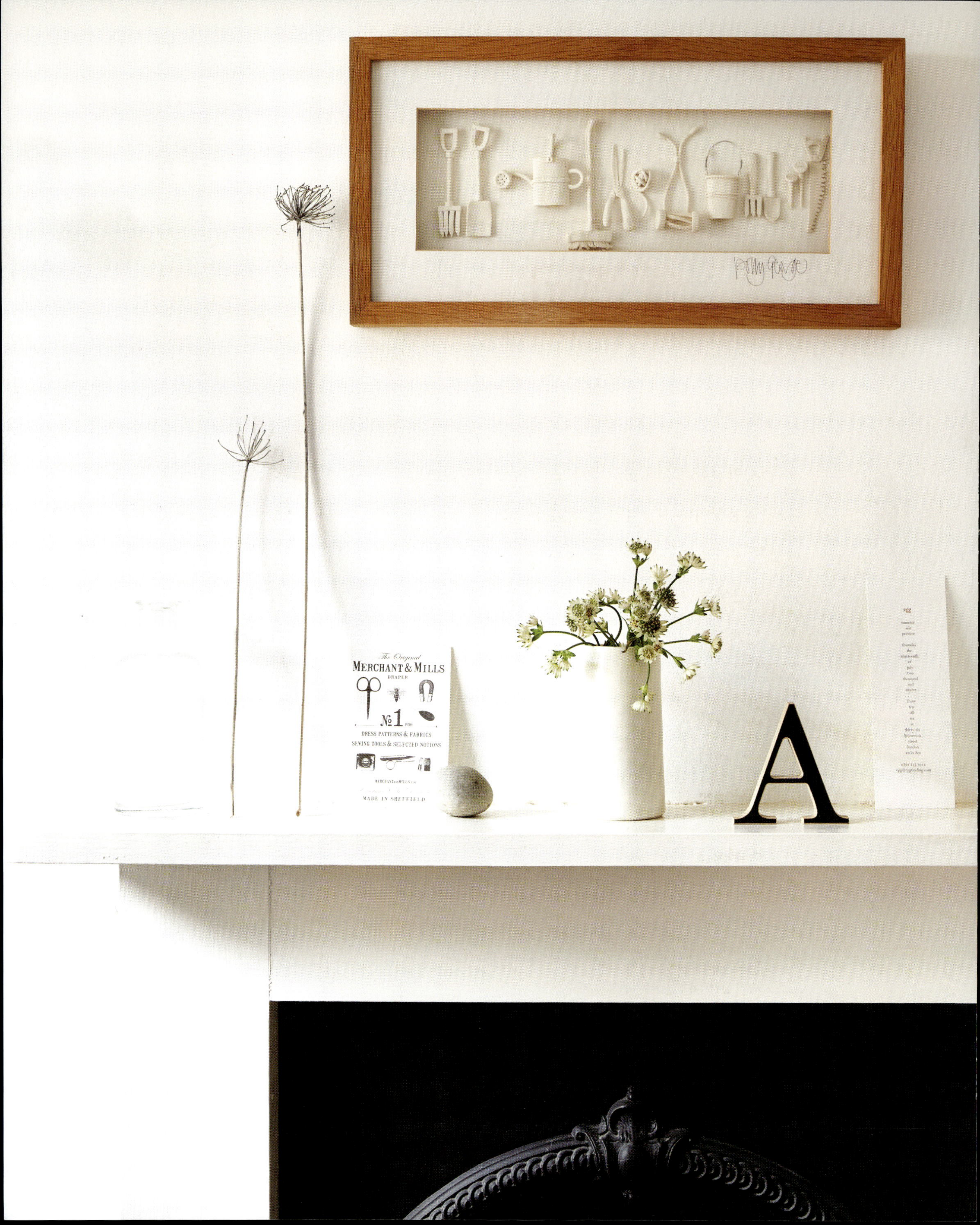
The Original
MERCHANT & MILLS
DRAPER
№1 FOR
DRESS PATTERNS & FABRICS
SEWING TOOLS & SELECTED NOTIONS
MADE IN SHEFFIELD

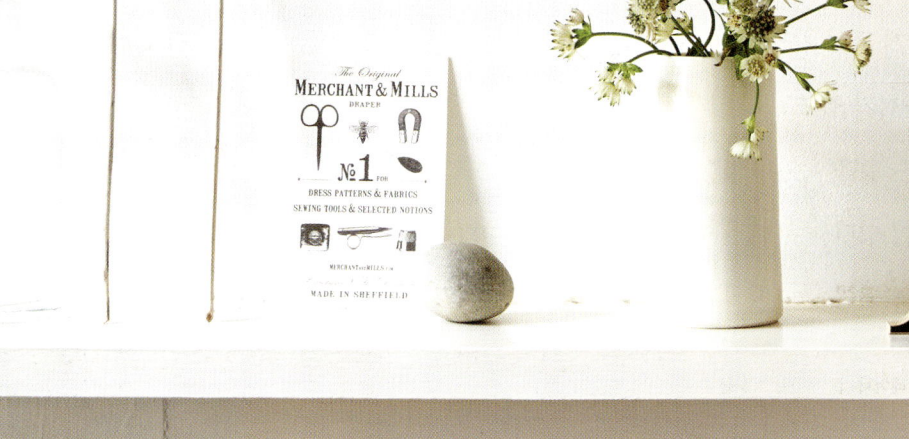

들어가며

작고, 아담하고, 아늑하고, 귀여운 ― 어떤 느낌이든 크기가 작은 집도 멋진 공간이 될 수 있다. 실용성이나 기능적인 면에 있어서도 여러 요소를 잘 고려하여 디자인한다면 충분히 원하는 공간을 만들어낼 수 있다.

최근에는 싱글이나 커플만의 라이프스타일이 급격하게 늘어나면서 넓은 집을 필요로 하지 않게 되었다. 또한 세계 주요 도시들의 부동산 가격이 계속 올라가고 있음에도 사회·경제·문화가 집중된 도심의 부동산 수요는 지속적으로 증가하고 있다. 도시나 대학 근처에서 산다는 것은 다양한 직업 기회는 물론, 극장이나 레스토랑, 카페, 그리고 기타 문화 활동의 접근이 쉽다는 점에서 매우 매력적인 조건이기 때문이다. 규모가 작은 집은 이러한 생활방식의 변화를 받아들이고 주거비용의 부담까지도 해결해준다. 어떤 이들은 도시의 작은 집과 주말용 전원주택을 오가는 삶을 선택할 수도 있을 것이다. 어떤 방식이든 작은 집은 다양한 라이프스타일을 다양한 범위 내에서 가능하게 해준다.

많은 사람들이 작은 집 인테리어라면 귀여운 오두막, 이동식 주택, 해변가 별장의 낭만적인 소품들이나 그와 유사한 것들을

맞은편 페이지 잘 진열된 소품들이 공간에 매력과 개성을 더한다. 벽난로 위의 장식품들이 작은 거실의 멋진 그림이 되었다.

위 장식용 테이프를 활용한 사진 컬렉션은 좁은 공간을 꾸미는 좋은 방법이다. 분위기에 따라 자주 바꿔주는 것도 좋다.

아래 작은 집을 꾸미는 핵심은 창조성에 있다. 오두막의 덧문을 수선해서 벽에 걸면 훌륭한 미술작품이 될 수 있다. 그 위에 전등을 달면 전등용 테이블에 필요한 공간도 절약할 수 있다.

떠올린다. 물론, 이러한 인테리어 요소들은 일상생활에서는 흔히 사용되지 않는다. 그러나 좁은 공간을 디자인할 때는 참고할 만한 아이디어가 많다. 예를 들어 이동 주택의 접이식 식탁은 펼치면 더블 침대가 된다. 보트에서는 주방의 수납장 문이 커튼을 대신하기도 하고, 비좁은 선실에는 날렵한 사다리가 달린 이층침대를 맞춤 제작하여 설치한다.

    작은 공간을 성공적으로 디자인하기 위해서는 참신한 아이디어와 고된 작업, 그리고 엄격한 공간 규율이 요구된다. 이 책에서 보듯이, 건축가와 디자이너는 숙련된 사람들로서 아무리 작은 공간이라도 창조적이고 정교한 리모델링 방법들을 조합하여 기능적이면서도 아름다운 공간으로 바꿔놓는다. 스타일리스트로서 다년간 쌓아온 나의 경험은 내가 사는 집을 수리할 때에도 유용하게 활용되었다. 나는 작은 집이 지닌 한계와 기능적으로 설계된 수납장의 중요성 등을 잘 알고 있었고, 미니멀리즘을 추구하는 내 취향도 충분히 반영하고 싶었다. 우리 집은 한정된 규모 내에서 내가 좋아하는 디자인과 스타일링 아이디어를 맘껏 실험해 보는 무대가 되었고, 작지만 아름다운 인테리어와 그 안에서의 생활 경험은 이 책의 영감이 되었다.

이 페이지 선실 분위기를 풍기는 장식은 협소한 실내에 잘 어울린다. 선실 내부에서 공간을 절약할 수 있는 아이디어를 쉽게 찾아낼 수 있기 때문이다. 다락으로 올라가는 단순한 나무 사다리와 밧줄 난간의 조합은 실용적이며 아름답다.

디자인의 요소

공간 이해하기

위 천장 구조물을 노출해 작은 실내에 공간감을 주었다. 이 덴마크 여름별장의 주인들은 디자인의 잠재성을 최대한 살리기 위해 못을 쓰지 않고 나무판자를 연결했고 천창을 설치했다.

위 오른쪽 작은 공간을 디자인할 때에는 디테일에 집중하는 것이 중요하다. 작은 토기 항아리에 담긴 나뭇가지가 실내에 친밀감을 가져다준다.

생활공간은 넓이와 상관없이 매력적이고 안락함이 느껴지며 그 안에서 보내는 시간이 즐거워야 한다. 비좁고 답답한 느낌이 드는 공간도 참신한 아이디어와 디자인으로 실용성과 스타일을 모두 추구할 수 있다. 아름다운 작은 집을 만들기 위해 가장 중요한 것은, 먼저 공간을 전체적으로 이해하고 그 공간만의 독특한 속성들을 찾아내 활용하는 것이다.

공간의 장단점 파악하기

작업에 들어가기 전에 먼저 한 걸음 뒤로 물러서서 공간을 전체적으로 바라보자. 내부 공간에 영향을 미치는 건물의 형태나 위치 등을 자세히 알아둘 필요가 있다. 경우에 따라서 변형이 가능한 부분도 있겠지만 일부는 바꿀 수 없는 경우도 있을 것이다.

바닥에서부터 천장의 높이, 창문의 크기, 문이 열리는 방식, 그리고 모든 요소들 간의 상관 관계 등 건물의 특징을 기록하는 것이 좋다. 공간의 모양이 일정하지 않아도 걱정할 필요는 없다. 특

이 페이지 뒤로 물러서서 공간의 구조와 활용 가능한 부분을 관찰해보자. 건물의 꼭대기 층에 위치한 이 원룸아파트는 지붕의 들보가 만들어내는 자연적인 형태를 훌륭하게 활용하여 아늑한 침실을 만들었다.

맞은편 페이지 작은 공간이더라도 자연적 요소를 잘 활용하면 매력을 더하면서 공간감도 확장할 수 있다. 벽돌이 거칠게 드러난 벽과 노출된 들보는 인더스트리얼 스타일(industrial-style) 주방과 대조되는 멋진 배경이 되었다.

오른쪽 이 여름 별장의 프렌치도어는 풍부한 자연의 빛과 멋진 전경을 완벽하게 누릴 수 있게 한다.

히 오래된 건물들은 실내장식을 위한 다양한 흔적이 남아 있을 수 있지만 크게 중요하지는 않다. 그보다는 실내가 아담하면서도 개방적인 느낌이 드는지, 아니면 공간이 분할되고 비좁은 느낌이 드는지 등 공간의 장단점을 평가하자.

개별적 공간들의 연계성도 고려해야 한다. 공간의 흐름이 자연스러운지, 서로 단절되고 불편한 느낌이 들지는 않는지, 햇빛이 공간 안에서 어떻게 작용하는지도 알아둔다. 채광은 인위적으로 바꿀 수는 없다. 하지만 아침부터 저녁까지 빛이 드는 방향이나 정도를 확인해두면 나중에 레이아웃을 결정하거나 장식을 선택할 때 많은 도움이 된다. 공간을 면밀히 검토하는 것은 작은 집 인테리어에 있어 가장 중요한 요소라고 할 수 있다.

밑그림 그리기

공간의 특징과 부족한 부분을 확인하기 위해 종이에 평면도를 그려보자. 정확한 치수와 문의 위치, 돌출 부분 또는 하중을 지지하는 벽 등을 보여주는 평면도는 매우 귀중한 자료로, 공간 배치와 공간 사이의 자연적 흐름을 설계하는 데 도움이 될 것이다. 또한, 공간의 장단점과 그 장단점들을 어떻게 활용하거나 보완할 것인지 알 수 있으며, 나중에 적절한 크기의 가구를 구입할 때에도 매우 유용하다.

작은 공간을 개조하는 방법은 다양하다. 집 안의 벽을 허물거나 사용하지 않는 다락과 천장을 노출하는 등 여러 방향으로 고려해볼 수 있다. 중요한 것은 공간의 결정적인 특징이 무엇인가에 달려있다. 그러므로 관련된 사항들을 모두 기록하고 그 가운데 가능성이 높은 항목에 표시를 해 두는 것이 좋다. 또 건축물이 단층인지 복층인지, 아니면 수평적인 원룸이거나 아파트인지 등도 관련이 있다는 것을 명심해야 한다. 예를 들어 건물의 맨 위층이라면 지붕 밑에 여유 공간이 있을 수 있다. 이 부분을 수리해서 생활공간에 포함시키거나 수납용 창고로 사용할 수도 있다. 또는 낮은 천장을 없애고 서까래나 들보가 드러나게 한 다음 표면을 다듬어서 감각 있게 표현하면 자연스럽게 공간을 분할해 칸막이나 벽을 대신할 수 있기 때문에 작은 집에 매우 유용한 요소로 활용될 수 있다.

위 왼쪽 이 스톡홀름의 작은 원룸아파트는 복도와 주방 사이에 단순한 칸막이 설치만으로 고급스러움을 살렸다. 공간이 완전히 분리되지는 않았지만 분리된 느낌이 충분하다.

위 오른쪽 미닫이문은 다른 공간으로부터 침실을 분리해 분위기를 살려주면서도 귀중한 바닥 공간을 차지하지 않는다.

수직적 생활 vs 수평적 생활

옛날의 주택이나 건물은 사회적 신분이나 경제적 제약에 따라 지어졌다. 현대의 건물들도 이러한 조건을 어느 정도 반영하기는 하지만 건축적으로는 전혀 다르다. 오래된 주택은 작은 방들, 낮은 천장, 좁은 계단 등의 공간들이 고풍스러운 아름다움을 만들어낸다. 크기는 작지만 독특한 아름다움이 가득한 옛 주택은 그 자체로도 좋지만, 가끔은 더 나아가 구조를 변경할 수도 있다.

예를 들어 불편하게 배치된 아래층 욕실을 위층으로 옮기면 현대적 생활방식에 훨씬 더 적합하다. 거실이나 주방에 공간을 더 할애할 수 있고 작은 집이 더 넓게 느껴질 것이다. 그러나 어떤 경우는 구조를 변경함으로써 전체 분위기를 해치기도 한다. 공간을 조금이라도 더 만들기 위해 집 중앙의 계단이나 벽난로를 없애는 경우, 오래된 건축물의 독특한 느낌이 완전히 바뀔 수도 있다. 따라서 본격적인 수리에 들어가기 전에 반드시 충분한 고려를 해야 한다.

단독주택과 같은 수직적 주거는 위아래 또는 두 방향 모두로의 공간 확장이 가능하다. 지붕 아래의 공간은 작은 다락방 침실로 꾸미고, 지하 창고나 지하실은 방수 공사를 하여 안락한 주방이나 여유를 즐길 수 있는 욕실 또는 놀이방 등으로 바꿀 수 있다.

반면에 아파트는 최근에 건설했거나 오래된 건물이거나 간에 압축된 생활공간을 만든다. 단층

아래 비록 공간을 차지하긴 하지만, 이 집의 벽난로는 단조로운 직사각형 방에 건축적인 개성을 부여한다. 벽난로와 벽감(alcove, 벽면을 우묵하게 들어가게 해서 만든 공간), 빈티지 선반이 완벽하게 조화를 이룬다.

인 수평적 실내 구조는 실제 크기보다 더 확장된 느낌을 주게 된다. 실내를 완전히 리모델링할 때 더 좋은 결과를 기대할 수 있고, 특히 경험이 많은 건축가의 디자인과 설계, 그리고 전문성이 추가된다면 보다 더 과감한 시도와 창조적인 아이디어를 실행에 옮길 수 있다.

수평적 생활공간은 틀에 박힌 사고를 벗어나 공간을 자유롭게 디자인하기에 좋다. 수면, 휴식, 요리 등으로 구역을 재설계하는 것부터 시작한다. 공간분할용 스크린, 미닫이문, 간이칸막이 등은 개방된 실내에서 개인적인 공간을 분리해 내는데 훌륭한 역할을 한다. 가구나 수납함을 잘 이용하면 벽을 설치하지 않고도 공간을 분할할 수 있다.

운 좋게도 천장이 높거나 지붕 아래에 여유 공간이 있는 아파트라면 중2층(mezzanine)을 만들어서 침실이나 작업공간으로 활용하면 추가로 방을 만들어내는 효과를 얻을 수 있다. 이러한 방식은 이 책에 여러 사례가 실려 있다. 중2층은 귀중한 바닥 공간에 여유를 만들어주는 한편 멋진 건축적·디자인적 요소가 되어준다.

공간계획 세우기

인테리어를 통해 얻고 싶은 것은 개인에 따라 다르므로 각자의 주거공간과 생활방식에 대해 깊이 생각해봐야 한다. 거주하게 될 사람의 수나 라이프스타일, 원하는 지역 등 내게 꼭 필요한 것들에 따라 공간에 대한 계획이 달라지므로 세부적인 내용까지 꼼꼼히 고려하고 기록해 두는 것이 좋다.

위 파리의 이 작은 원룸아파트 주인은 평상시에는 작은 테이블과 스툴을 사용한다. 매일 사용하기에는 이 정도로 충분하다. 손님 접대를 할 때는 접는 식탁과 의자를 사용하고 평소에는 보이지 않는 곳에 보관한다.

맞은편 페이지 재택근무를 한다면 업무공간은 인테리어 디자인의 중요한 대상이 된다. 실용적이면서도 멋진 디자인을 위해 다양한 방법을 사용할 수 있다. 이 홈오피스는 깔끔하면서도 감각 있는 디자인의 정리함과 수납장을 선택했고, 개인적인 기념품과 약간의 꽃으로 장식했다.

훌륭한 집이란 그 집에 사는 사람의 욕구를 만족시켜야 하므로 내가 어떤 스타일을 원하는지 심사숙고해야 한다. 재택근무를 한다면 업무공간은 사무용 기기들을 배치할 수 있도록 충분히 커야 한다. 집에 손님을 초대하지 않거나 요리를 별로 하지 않는다면 주방을 작게 배정하고 거실이나 침실에 더 할애한다. 친목활동이 중요한 커플이라면 침실을 작게 하고 생활, 요리, 식사공간을 더 크고 융통성 있게 만들기 위해 집의 레이아웃을 재구성할 필요가 있을 것이다. 작은 주택에 방이 두 개가 있다면, 그중 하나는 거실 겸 손님방 용도로 바꿀 수 있다. 주어진 공간에서 어떤 방식으로 살고 싶은지 생각해 보는 것이 집의 잠재성을 극대화하는데 중요하며, 적당한 해법을 찾는 데 도움을 준다.

예산 세우기

재정상태를 고려해서 장기 및 단기 예산을 세울 때는 무엇보다 현실적 감각을 갖는 것이 중요하다. 집의 구조를 변경하려면 비용이 많이 들기 때문에, 이 절차를 꼭 거쳐야 한다면 인테리어에 착수하기 전에 계획을 잘 세워야 한다. 고급스러운 벽지나 타일 등 모든 것들에 항상 예산이 허락하는지를 생각하고 사소한 사항도 간과해서는 안 된다. 최신형 가전제품, 각종 케이블, 바닥 난방, 조명 등은 모두 시야에서 감출 수 있는 요소들로 공간 활용에 도움이 되므로

왼쪽 일반적인 믿음과는 달리 라디에이터를 설치하면 작은 실내에 멋지게 어울리는 한편 실용적이기도 하다. 연결 부분과 파이프 부분을 잘 조립하면, 이 작은 벽감처럼 활용하기 어려운 부분까지도 적절하게 활용할 수 있다.

이러한 것들에 투자하기 위해서는 비용을 조정해야 한다.

건축가에게 작업을 의뢰하면 비용을 지불한 가치가 충분하다는 것을 알게 될 것이다. 공간 구석구석을 최대한 활용할 수 있는 능력이 있을 뿐 아니라 경쟁력 있는 건축업자나 자재상들을 확보할 수 있기 때문이다. 건축가와 용역 계약을 하기 전에 이전에 디자인했던 사례를 요청하고 검토하는 것이 좋다. 어떤 스타일을 원하는지, 예산의 규모는 어느 정도인지 상세히 알려주고 그 한도 내에서 내 작은 공간을 어떻게 변화시킬 수 있는지 스케치나 컴퓨터 그래픽으로 보여주기를 요청한다.

가구나 가전제품, 인테리어 소품 등은 작은 공간에 맞춰 특별히 설계된 것일수록 비싸다는 것도 명심해야 한다. 이러한 제품들은 대개 협소한 공간에 잘 맞도록 더 슬림하게 설계되고 생산된다. 주방에 더 많은 물건을 들여놓거나 침실의 한구석에 욕실을 추가하려고 할 때 이런 기능성 제품들이 매우 유용하다. 다만, 결정할 때 총예산을 염두에 두고 있어야 한다.

이 페이지 이 원룸아파트의 주인은 작은 공간을 최대한 활용하기 위해 실내건축가를 고용했다. 그 결과 넉넉한 수납공간과 커다란 카운터 식탁을 갖춘 완벽한 주방이 만들어졌다.

이 페이지 계단을 올라가면 오른쪽 중2층 침실로 이어진다. 수납장과 욕실 위로 충분한 공간이 있어 실제보다 훨씬 넓어 보이는 효과를 만들어낸다.

공간 디자인하기

작은 집을 구석구석까지 제대로 활용할 수 있는 아이디어는 무궁무진하다. 그리고 미리 계획하고 준비한다면 대부분은 그다지 어렵지 않게 실행에 옮길 수 있다. 창조적으로 생각하고 동시에 실용성도 고려해야 한다.

창조적 아이디어

하나의 방을 두 가지 이상의 목적으로 사용하면 공간 활용에 큰 도움이 된다. 주방에 카운터 식탁을 설치하면 별도의 조리대와 식탁이 필요하지 않다. 작은 다용도실이나 사용되지 않는 코너에 접이식 책상을 설치해 홈오피스를 꾸밀 수도 있다. 계단 아래의 비어 있는 부분은 높이에 따라 선반과 옷걸이를 설치해 옷장으로 사용하거나 작은 샤워실로 바꿀 수 있다.

건축가의 디자인 상품인 파드*나 큐브**는 개인적인 공간인 욕실이나 침실을 분리할 때 유용하다. 파드는 원하는 목적에 딱 맞는 정도의 작은 크기이므로 좁은 실내에서도 매우 다양하게 연출할 수 있다. 한 예로, 침대와 작은 옷장만 설치되어 있는 조그만 침실 파드는 나머지 공간이 상대적으로 크게 느껴지도록 하며, 그에 비해 그 안은 아늑하고 편안하다. 큐브나 파드는 천장에 닿지 않아 그 위쪽으로 공간이 계속 확장되는 듯 느껴져 공간이 넓어 보이는 효과를 준다. 같은 원리를 좁은 집의 주방에도 적용할 수 있다. 수납장 위로 빈 공간을 두면 시각적 효과로 인해 천장이 실제보다 높게 느껴진다.

최근의 간결한 디자인 흐름은 현대적인 아파트는 물론 고풍스러운 주택에도 잘 어울리며, 건축가들은 상반된 이 두 가지 아름

위 지붕의 경사가 만들어낸 독특한 모양의 빈 공간에 도자기 수집품을 위한 전시 공간을 만들었다. 주문제작 선반은 이 작은 공간을 완벽하게 만들어주었고, 집주인은 장식적이며 기능적인 도자기를 진열해 무채색과 순백의 차분한 분위기를 연출했다.

* 파드(Pod)는 컨테이너 형태로 제작되어 실내 또는 실외에 설치할 수 있다. 용도에 따라 이미 내부에 필요한 가구 및 전원이 설치되어 있다. 해외에서는 수납용 파드의 경우 무척 흔해서 대형마트나 철물점에서 쉽게 살 수 있는데, 대개 뒷마당에 설치하고 정원용 기기들을 넣어두거나 추가의 창고로 사용한다. 사무실 용도의 오피스 파드는 책상과 인터넷 설치 등이 되어 있기도 하다.

** 큐브(Cube)는 정육면체의 독립형 공간으로 제작되어 실내에 설치한다. 개방형 실내에서 공간의 분할이 추가로 필요할 때 사용된다. 특히 침실 큐브는 침실이 부족하거나 원룸주택에 많이 설치한다.

디자인의 요소 23

다움을 자연스럽게 조합할 수 있다. 옛 건축물의 지붕 버팀목의 형태는 현대적인 수납장이나 계단의 난간 구조에서 반복되어 사용된다. 철물자재나 바닥재는 의욕적인 실내장식을 하기에는 공간이 충분치 않은 작은 집에서 감각을 표현할 수 있는 좋은 방법이다. 전등 스위치나 수납장 손잡이, 바닥 장식 등은 개성 있는 것들로 하되, 서로 너무 이질적이지 않도록 제한해야 한다. 작은 공간에선 특히나 'Less is More'의 의미를 잘 기억해 두는 것이 좋다.

수납 아이디어

수납공간은 좁은 집의 최후의 보루다. 붙박이 수납장은 공간 디자인의 필수항목이며 필요량을 절대 과소평가해서는 안 된다. 대부

분의 가재도구들이 아무리 필수적이고 일상적으로 사용된다 하더라도 온종일 보고 싶지는 않을 것이다. 그러므로 이런 물건들을 눈에 띄지 않도록 정리하는 설비가 필수적이다. 또한 모든 물건들이 각자의 '집'을 가지게 되면 우리의 작은 집을 깨끗하고 정돈된 상태로 유지하기가 훨씬 더 쉬워진다.

수납의 미학은 어떤 종류의 구석이나 빈틈에서도 발견할 수 있다. 수납을 디자인과 건축공사의 한 부분으로 포함시키는 것이 좋다. 만약 중2층이 있다면 지붕의 처마에 딱 들어맞는 수납장을 설치해서 사용하지 않는 공간의 활용도를 최대로 높일 수도 있다.

오래된 옛 주택들에서는 붙박이 수납장을 쉽게 볼 수 있다. 이런 수납장들은 죽은 공간을 활용하기 위해 대개 벽감이나 계단 위 같은 사용되지 않는 공간에 만들고 이부자리나 수건 등을 보관하는 용도로 사용했다.

좁은 공간을 조금이라도 더 활용하기 위한 효과적인 방법 중 하나는 수납용 선반이나 가구를 목공소에 직접 주문하는 것이다. 좁은 공간의 특징을 잘 아는 목수와 작업한다면 추가 비용이 들더라도 충분히 가치 있는 결과를 얻을 수

맞은편 페이지 위 왼쪽 간단하게 설치한 선반 몇 개로 죽어 있던 공간이 작은 도서관으로 변모했다.

맞은편 페이지 위 오른쪽 훌륭한 수납시스템은 옷에서부터 사무실 서류까지 폭넓게 수납할 수 있고 원하는 대로 맞출 수 있다.

맞은편 페이지 아래 다용도 가구는 작은 공간을 위한 완벽한 해법이다. 뚜껑이 있는 수납용 상자들로 거실을 만들었다.

오른쪽 서랍이 달린 주문제작 의자와 선반 위의 바구니들은 작은 물건을 보관하기에 적당하다. 바구니의 디자인이 서랍에서 반복되어 전체적으로 편안한 느낌을 준다.

있다. 목제 침대의 밑 부분에 선실용 침대처럼 서랍을 달면 꽤 넓은 수납공간을 확보할 수 있다. 또 수납이 가능한 벤치나 긴 의자도 원하는 장소와 위치에 맞도록 디자인할 수 있다. 맞춤형 선반은 활용하기 힘들었던 틈새 공간을 독특한 수납공간으로 변화시킨다. 다양한 크기의 책이나 앨범, 잡지 등을 정리하기 위한 수납장을 공간 효율성을 높이는 형태로, 공간이 허락하는 만큼 넓고 깊게 만들 수도 있다. 집의 벽 전체에 수납장을 설치하면 수납과 동시에 멋진 디자인 요소가 되기도 한다.

스타일의 요소

시작하기

작은 집을 아름답고 실용적인 생활공간으로 만들려면 깊은 고민이 있어야 한다. 작은 공간에 어울리는 장식이나 스타일 아이디어는 무궁무진하지만, 그중 가장 중요한 것은 나와 내 집에 어떤 것이 어울리는지 가려내는 것이다.

작은 집은 벽이나 바닥, 심지어 작업대 위까지도 넓은 주택에 비해 좁기 때문에 기능성과 스타일이 성공적으로 조화를 이룬 집을 만들기 위해서는 주어진 공간에 맞는 것과 맞지 않는 것을 정확하게 파악하는데 시간을 들여야 한다. 건물의 형태나 조건을 바꿀 수는 없어도 매우 효과적인 스타일링 해법이 많다는 사실을 잊지 말자.

모던, 빈티지, 또는 혼합형, 어떤 스타일을 좋아하는가는 중요하지 않다. 그보다는 집에 꼭 필요한 것이라고 미리 생각해 두었던 요소들을 어떻게 실현할 수 있는지가 더 중요하다. 집이 아무리 작더라도 실용성과 스타일이 균형을 이룬 생활공간을 만들기 위한 과정과 도전을 즐겨보자.

위 이 작은 식사공간은 탁월한 개성과 감각을 느끼게 한다. 소박한 나무 스툴과 현대 디자이너의 명품 의자들을 절묘하게 배치해서 특별한 공간을 완성했다.

오른쪽 좁은 공간에선 소품이 훌륭한 역할을 하기도 하지만, 귀중한 공간을 과다하게 차지하지는 말아야 한다. 단순하고 간결한 수직 라인의 선반은 공예품이나 도자기 등의 전시에 완벽하게 어울린다.

이 페이지 외장 처리를 하지 않은 벽의 자연 색감이 작은 공간을 아늑하게 물들인다. 날렵한 모양의 도자기들과 리넨 커버, 울 담요 등이 부드럽게 조화를 이루어 미니멀하면서도 편안한 분위기를 만든다.

이 페이지 디스플레이 기술은 작은 공간에서 생활하는데 상당히 가치 있는 능력이다. 책과 잡지들을 서로 다른 높이로 쌓아 장식품이나 미술품 받침대로 사용할 수 있다.

정돈 vs 혼돈

좁은 집에서의 생활이란 어쩔 수 없이 가구와 물건이 빼곡히 들어차 있음을 의미한다. 친밀함과 아늑함을 준다는 것이 장점이 될 수도 있지만, 집안에 물건이 넘치게 되면 어수선하고 폐소공포증을 일으킬 수도 있다. 정리정돈이란 사실 개인의 DNA에 달려있기는 하다. 선천적으로 깔끔하고 질서정연하며 'Less is More' 원칙의 열정적 옹호자도 있고, 그 반대여서 물건에 둘러싸여 지내고 새로운 물건을 계속해서 사들이는 사람도 있다. 하지만 이런 성격들은 다분히 선천적이다.

미니멀리스트 경향이 있는 사람이라면 세심하게 선택한 물건들 몇 개만 꺼내놓고 가능하면 많은 공간을 비어있는 상태로 유지하는 것을 좋아하고, 또 쉽게 그렇게 공간을 정리할 수 있을 것이다. 반대로 물건을 잔뜩 쌓아놓는 편이라면 집안 정리에 대해 스스로 규칙을 세우고, 일정한 주기로 버릴 것과 남길 물건들을 결정하는 것이 바람직하다. 어질러진 것들을 정리하는 것은 심리적으로는 마음을 다듬는 과정이기도 하다. 특히 큰 집에서 작은 집으로 옮겨갈 때 원치 않는 잡동사니들을 없애는 것은 상당히 긍정적 효과가 있으며, 해묵은 때를 벗고 깨끗하고 포근한 새 소파와 함께 인생의 새로운 장을 시작할 수도 있다.

작은 집은 사람들에게 이러한 엄격한 규율을 부여하는 효과가 있고, 이전에는 많은 물건을 모아두었던 사람조차도 상당히 빠른 시간 안에 긍정적인 측면에서 변화하도록 만든다. 좁은 집이 조금이라도 어질러져 있으면 넓은 집에서보다 훨씬 혼돈스럽게 느껴지기 때문이다. 물론 작은 집에서 살기 위해서는 좋아하는 가구나 귀중품 따위를 포기하라는 것이 아니다. 대신 나와 내 작은 집에 꼭 맞는 조화와 균형을 유지하는 법을 터득하는 것이 중요하다.

위 장식품의 수가 적다고 해서 허전하거나 특색 없는 실내가 되는 것은 아니다. 이 오래된 집의 석고벽에는 금장식 꽃병과 신비로운 색조의 그림이 선택되었다. 그림과 벽난로의 양각된 세공이 조화를 이룬다.

오른쪽 기능적으로 설계된 수납장은 큰 서류철이나 양장본 도서처럼 특정한 물건들을 보관할 수 있도록 원하는 크기와 형태로 구성할 수 있다. 잡지나 페이퍼백 책들을 보기 좋게 쌓아놓음으로써 일상의 아이템들로 스타일을 극대화할 수 있다.

스타일 해법

실내장식 스타일을 선택하는 것은 지극히 개인적인 영역이다. 밝은 색조와 대담한 무늬를 좋아하거나 무채색 계통과 섬세한 무늬를 좋아할 수도 있지만, 어쨌거나 작은 공간을 만들어가는 일은 도전이 될 것이다.

컬러와 무늬

흰색과 밝은 색조는 실내를 더 크고 넓은 것처럼 느끼게 한다. 흰색은 다른 색들보다 빛을 더 많이 반사하고 몸과 마음을 이완하도록 하는 명상의 효과를 준다. 신선하고 깨끗하기 때문에 배경으로도 훌륭한 역할을 한다. 그러나 자연채광이 적으면 밝은 흰색은 자칫하면 차갑게 느껴지고 회색처럼 보일 수도 있다. 컬러의 효과는 실내에 들어오는 자연의 빛에 따라 달라진다. 예를 들어 북쪽의 차가운 북극광은 푸른 색조이고, 남향의 눈 부신 햇살은 더 따뜻한 느낌의 노란 색조를 띤다. 옅은 색 배경을 선호한다면 아이보리 계열의 페인트 샘플들을 테스트해보고 실내에 완벽하게 어울리는 컬러를 고르는 것도 좋은 방법이다.

위 왼쪽 약간의 무늬만으로도 충분한 효과를 줄 수 있다. 현대적인 기하학무늬 쿠션은 부드러운 회갈색과 청록색 침구, 선명한 푸른색 전선과 훌륭하게 조화를 이룬다.

위 오른쪽 화사한 꽃무늬 식탁보. 무늬를 사용하면 좁은 실내를 단번에 화사하게 만들 수 있다.

어둡고 분위기 있는 컬러들은 작은 공간, 특히 자연광이 적게 닿는 곳에 잘 어울린다. 이런 공간에 밝은 흰색을 사용하면 우중충하고 단조로워 보일 수 있다. 대신 매혹적인 진한 컬러를 사용해 감각적 분위기와 드라마틱한 효과를 연출할 수 있다. 욕실처럼 혼자만의 시간을 즐기고 싶은 부드럽고 친밀한 분위기의 작은 공간, 아니면 햇빛이 잘 닿지 않는 좁은 복도 같은 곳에 잘 어울린다. 깊은 색감에 은은한 조명을 더하면 호화롭고 고급스러운 느낌을 준다. 이러한 어두운 색조가 제대로 어울리게 하는 비법은 같은 톤의 범위 내에서는 서너 가지로 컬러 사용을 제한하는 것이다. 샘플 테스트를 해서 시간대에 따라 빛이 컬러에 어떤 영향을 주는지 확인하는 것이 매우 중요하다.

컬러를 사용해서 착시 효과를 주거나 실제보다 넓어 보이게 할 수도 있다. 어두운 계통은 시선을 아래쪽으로 끌어내리고 천장으로부터 멀어지게 하므로 바닥용으로 적합하고, 반대로 밝

오른쪽 위 다소 튀어 보이는 컬러가 작은 방에 생기가 넘치도록 한다. 방 전체를 바꾸고 싶지 않다면 가구 한 개 정도만 색을 바꿔 시선의 중심을 만드는 것도 방법이다.

오른쪽 아래 진하고 어두운 색감은 이처럼 은은한 분위기를 요구하는 작은 공간에 잘 어울린다. 서로 보완되는 컬러 몇 개로 제한하는 것이 적당하다. 이 프랑스의 원룸아파트는 회색, 검정 그리고 다크블루를 사용해서 강렬한 분위기를 연출했다. 대담한 무늬의 러그가 자칫 무거울 수 있는 분위기를 완화해준다.

이 페이지 벽보다 어두운 색을 바닥에 칠하면 천장의 높이가 낮은 것을 보완해준다. 처마 밑의 이 침실에 들어오면 녹색으로 칠한 마룻바닥이 눈길을 끈다. 이 방은 바닥 면적이 천장보다 넓으므로 침실이 넓어 보인다.

맞은편 페이지 흰색은 깨끗하고 산뜻하며 공간을 넓어 보이게 한다. 이 식당 겸 작업실은 때 묻지 않은 흰색 벽과 흰색 블라인드, 그리고 식탁과 의자들까지 모두 같은 계열로 채워져 있다. 너무 병실처럼 보이지 않도록 부드러운 파란색 그림으로 변화를 주었다.

은 계통은 공간 확장의 느낌을 주기 때문에 벽에 효과적이다. 아주 밝은 색을 바닥에 사용하거나 어두운 색을 벽에 사용하면 바닥의 느낌을 더 강하게 만든다. 집의 크기나 특성에 가장 적합한 색감이 무엇인지 실험을 통해 확인하자.

타일, 싱크대 상판, 바닥재, 그리고 패브릭 제품들은 모두 인테리어에 컬러를 더하는 좋은 재료들이다. 조명, 식기, 보조 가구 같은 인테리어 소품으로도 강렬한 효과를 줄 수 있다. 기본 원색인 빨간색, 파란색, 노란색은 작은 공간에 에너지 넘치는 생기를 주고, 파스텔 색조는 차분하고 여유 있는 느낌을 준다.

무늬를 좋아한다면 사용하기는 하되 세심하게 고른 몇 개의 디자인으로 제한해야 한다. 작은 공간에 큰 무늬를 사용하면 강조 효과가 있긴 하지만 너무 튈 수도 있다. 무늬의 복잡함을 보완해줄 수 있는 흰색이나 단색과 균형을 이룰 때 가장 잘 어울린다. 대담한 무늬를 감당할 자신이 없다면 옷장이나 붙박이장 안에 무늬 벽지를 바르거나 단조로운 흰색 욕실에 무늬가 있는 블라인드를 다는 것도 좋은 대안이 된다. 정적인 실내에서 크고 대담한 무늬를 즐길 수 있는 방법이다.

벽 전체에 무늬를 사용하는 것은 걱정스러울 수 있다. 하지만 그렇다고 수도원처럼 모두 흰색으로 하지 말고 부드러운 패브릭 제품들에 무늬를 더해보자. 쿠션, 소파 커버, 베개나 침대 커버 등에 줄무늬나 물방울무늬, 현란한 꽃무늬 등을 사용할 수 있다. 패브릭 제품은 계절별로 바꿀 수 있어 다양한 무늬를 활용하기에 좋다. 심플하게 가구를 배치한 작은 공간에선 침대나 소파, 쿠션, 담요 등의 커버를 새것으로 바꾸는 것만으로 완전히 새로운 모습으로 변화시킬 수 있다. 겨우내 사용했던 짙은 색의 격자무늬 대신 여름에는 신선한 꽃무늬로 바꿔보자. 주방도 계절별로 다른 분위기를 줄 수 있다. 무늬 없는 흰색 식기 세트를 무늬나 컬러가 들어간 것으로 바꾸면 분위기가 순식간에 달라진다.

왼쪽 좁은 식당에서 사용하는 의자는 겹쳐서 구석이나 빈 공간에 쌓아둘 수 있는 디자인을 선택했다. 다양한 형태의 접이식 식탁과 세트로 사용하면 제한된 공간에서도 충분히 손님을 접대할 수 있다.

아래 고가구는 작은 공간에 안성맞춤이다. 이 철제 침대는 싱글침대와 더블침대의 중간 크기이며 요즘 침대에 비해 높기 때문에 침대 밑에 수납이 가능하다.

가구

좁은 집에 배치하는 가구는 주변과 일정한 비율을 유지해야 잘 어울린다. 몇 개의 가구를 나란히 붙여 놓은 거실은 특히 그렇다. 작은 공간에 큰 소파를 억지로 구겨 넣으면 보기에도 투박하고 다루기도 곤란하다. 그러나 호텔들이 객실을 고급스럽고 안락한 느낌으로 만들 때 사용하는 방법처럼 작은 침실에 큰 침대를 놓거나 호화스럽게 큰 헤드보드가 달린 침대를 놓아 크기의 유희를 즐길 수도 있다.

가구를 쌓아놓거나 접어서 보관하는 것도 좁은 집에서는 유용한 방법이다. 상판이 이중으로 들어있는 식탁은 필요할 때 잡아당기면 두 배의 크기로 사용할 수 있고, 겹쳐 놓을 수 있는 식탁의자는 사용하지 않을 때는 구석진 곳에 보관할 수 있다. 가벼운 정원용 가구도 잘 어울린다. 접는 식탁과 의자 세트는 실내와 실외의 작은 공간에 모두 잘 어울리는 크기다. 칵테일 바 스타일의 높은 식탁과 스툴은 더 작은 공간에 적합하다. 경첩이 달린 식탁은 사용하지 않을 때는 벽에 달아 접어둘 수 있다.

오래된 빈티지 물건들은 대개 크기가 작은 편이고 미적인 면에서도 좁은 공간에 멋지게 어울린다. 벼룩시장이나 골동품 축제는 특별하고 희귀한 물건들을 찾을 수 있는 이상적인 곳이다. 고가구는 오늘날의 작은 집에서도 빛을 발한다. 대부분의 고가구들이 고풍스러운 집의 작은 방들을 위해 제작되었기 때문에, 간결하고 고상한 디자인의 고가구들은 실용성과 장식적인 매력을 동시에 발휘한다. 빈티지 카드 테이블과 접는 탁자는 좁은 주방에서 사용하기에 좋고, 마찬가지로 빈티지 의자나 소파는 구석이나 경사진 지붕 아래에 놓으면 포근함을 느끼게 해준다. 오래된 철제 침대는 요즘 제작되는 제품보다 높기 때문에 침대 밑에 수납공간을 확보할 수 있다.

빛을 반사하거나 투명한 재질의 가구와 소품을 사용하

면 공간감을 한층 높일 수 있다. 광택이 있거나 거울효과를 내는 제품은 빛을 반사해 실내가 넓어 보이는 효과를 내며, 투명한 아크릴수지 제품들은 공간을 거의 차지하지 않는 것처럼 보인다.

위 왼쪽 바 테이블과 스툴 세트를 작은 주방에 배치했다. 매끄러운 유리와 금속을 사용해서 두 사람이 간단한 식사를 하기에 충분한 크기만 시각적으로는 공간 사용이 적은 것처럼 보인다.

위 오른쪽 빈티지 어린이 의자를 침대 협탁으로 사용하면 실용적이고 귀여운 느낌을 연출한다. 성인용 침대가 작은 의자와 대비되어 더 크고 고급스러워 보인다.

오른쪽 특수 아크릴수지 가구는 거의 눈에 보이지 않고 빛이 완전히 투과하므로 아주 작은 공간에 이상적이다. 이 스툴은 의자로 사용하거나 보조탁자 또는 전등용 탁자 등으로 다양하게 활용할 수 있다.

맞은편 페이지 왼쪽 위 이 욕실의 고리와 선반은 실용성과 장식성을 모두 갖춘 훌륭한 수납방법이다. 페인트칠을 한 빈티지 선반에 고리를 달아 다양한 무늬의 면 가방들을 걸어 장식 효과를 살렸다.

맞은편 페이지 왼쪽 아래 배의 주방에서 영감을 얻은 식기 선반에 집에서 사용하는 그릇들을 수납했다. 벽에 고정하는 깊이가 얕은 디자인이므로 좁은 공간에 완벽하게 잘 맞는다.

아래 아이들 방에 빈티지 철제 선반과 작은 책상, 의자를 함께 배치하면 장난감과 책을 위한 정리공간이 풍부해진다.

맞은편 페이지 오른쪽 위 단순한 커튼과 봉을 사용해 작은 벽감을 여유 있는 옷장으로 전환하여 일반적인 붙박이장을 대체했다. 검은색 고리와 작은 구김이 살아있는 흰색 리넨 커튼이 스타일리시하고 부드러운 느낌을 준다.

맞은편 페이지 오른쪽 아래 붙박이 수납장은 작은 주방의 제한된 공간을 활용하기에 좋다. 원래는 바닥과 떠 있던 싱크대 아랫부분에 서랍을 달아 추가적인 수납공간을 확보했다.

수납

간단한 수납 방법들로 생각보다 많은 추가 공간을 만들어낼 수 있다. 구석이나 작은 틈새까지도 최대한 활용하는 일본의 집들로부터 영감을 얻어 보자. 일본 가정에서처럼 상자나 바구니 그리고 적절한 용기를 이용하면 집 안을 깔끔하게 유지할 수 있다.

다양한 스타일의 고리를 사용해서 문이나 벽에 수납공간을 마련하고 매력적으로 보이는 물건들을 걸면 수납과 장식을 겸할 수 있다. 가구가 들어가기 힘든 작은 침실에 놋쇠 고리 여러 개와 빈티지 옷걸이를 부착해 옷장을 대신하기도 한다. 깔끔하게 정돈을 잘하면 더 많은 수납을 할 수 있다. 침실의 벽감이나 구석에 옷걸이용 레일이나 선반을 고정시켜 좋아하는 옷들을 예쁘게 진열해보자. 그리고 침대 밑의 공간을 버려두지 말고 여행가방이나 큰 대바구니, 아니면 지퍼가 달린 천 가방 등을 이용해 여분의 침대 커버와 철 지난 옷들을 정리할 수 있다.

벽이나 수납장 안쪽에 물건 걸이를 설치해서 빗자루, 외투, 모자, 바구니 등 가능한 모든 것들을 못에 걸어 바닥 공간을 덜 차지하게 만들자. 복도나 벽의 일부를 할애해서 감각적인 디자인의 고리를 설치하면 미술작품처럼 보이기도 한다. 낡은 나무 덧문을 손질해 벽에 걸고 빈티지 느낌이 나는 고리를 몇 개 추가해 상상력 넘치는 옷걸이로 사용할 수도 있다.

수납용 선반은 좁은 공간의 문제를 해결하는 가장 확실한 방안이다. 작은 틈새나 구석, 침대 위나 옆에 달 선반을 목수에게 의뢰해보자. 천장이 높으면 선반을 높이 달아 자주 사용하지 않는 물건들을 보관할 수 있다. 도서관용 사다리를 설치해 사용하지 않을 때는 벽 한쪽으로 밀어두면 디자인 효과를 더하기도 한다.

수납에 대해서는 창조적으로 생각해야 한다. 붙박이 수납장을 설치할 예산이 부족하다면 나무 과일상자 몇 개를 이용해 벽에 선반을 마련하고 필요에 따라 상자 몇 개를 더 추가할 수도 있다. 또는 DIY 전문점에서 그물 시트를 구입해 주방이나 작업실에 공간절약형 벽 수납을 시도해보는 것도 방법이다.

디스플레이

벽장식은 그림이나 직물에서부터 개인의 사진이나 거울까지 어느 것이나 이용할 수 있다. 그러나 서로 충돌하는 것들이 지나치게 많아 제한된 크기의 벽을 뒤덮는 일이 없도록 주의해야 한다. 좁은 공간에서는 다음의 간단한 규칙 몇 가지를 따르는 것이 좋다.

개방형 설계의 실내에는 각각의 장소에 사진과 그림들을 종류별로 모아 놓는다. 장소별로 고유한 개성을 가질 것이다. 그러나 너무 많은 색과 스타일이 충돌하는 것은 피해야 하고, 액자의 틀을 통일하는 등 서로 간의 연결 체계를 고려해야 한다. 액자를 횡렬이나 종렬로 걸면 질서정연한 느낌을 가져오고, 한 개만 걸어 놓으면 은은한 고요함을 줄 수 있다. 틀에 넣은 그림이나 사진을 벽에 고정하지 말고 자유롭게 벽에 기대어 놓거나 선반 위에 올려 보자. 거울은 장식적으로도 훌륭하고 주변으로 빛을 반사하는 효과가 있다. 벽에 거울 몇 개를 함께 걸면 그림이나 사진을 대신할 수 있다. 스타일과 형태가 비슷하다면 벽에 걸 때는 좀 더 대담한 구성을 시도해보는 것도 좋다.

매일 사용하는 물건들도 미적인 즐거움을 줄 수 있다. 도자기나 유리그릇 등의 생활도구로 선반이나 벽을 장식해보자. 디스플레이 효과는 물론 작은 주방에서 수납공간을 찾아내기 위한 고민을 덜어준다. 가늘고 긴 유리병에 담긴 곡식류나 스파게티 면을 주방 선반에 정리하면 매우 근사해 보인다. 같은 아이디어를 좁은 침실에도 적용할 수 있다. 대나무 사다리에 예쁜 가방이나 빈티지 옷, 또는 장신구들을 걸어 옷장의 공간을 줄일 수 있다.

개인 소지품들을 진열해서 개성 있는 공간을 만들어도 좋다. 다만 너무 많은 요소를 혼합하면 시각적으로 충돌을 일으킬 수 있으니 컬러와 무늬의 균형과 절제를 유지하도록 주의한다.

맞은편 페이지 추상적인 판화 작품으로 인상적인 장면을 연출했다. 이 작품들은 원룸아파트의 다른 요소들과 서로 연계되어 있다. 그림의 패턴과 컬러가 침대 덮개, 꽃병, 쿠션의자 등에서 반복된다.

오른쪽 위 전망 좋은 집이라면 그 장점을 최대한 살리자. 바깥 경치의 변화는 다른 어떤 예술작품보다 눈길을 사로잡는다. 여기에 비슷한 풍경의 그림을 진열해 시선을 유도한다.

오른쪽 아래 침대 머리맡에 등나무 거울 여러 개를 걸어 통일감 있는 장식 효과를 주었다. 거울들의 미세한 차이가 풍부한 볼거리를 제공한다.

작지만
완벽한 집들

맞은편 페이지 작지만 완벽하게 구성된 이 식사공간은 스타일과 기능성이 자연스럽게 결합되어 있다. 날렵한 간이의자는 천장에 달린 전등의 연약함과 조화를 이루고 벽난로 위의 소품들과도 잘 어울린다. 대바구니와 소박한 나무 소품들, 천연 리넨의 색감이 방 안에 평온함을 불어넣는다.

왼쪽 첫번째 꽃은 작은 방 안에 화사한 색감을 더하는 확실한 방법이다. 식탁보의 꽃무늬와도 잘 어울린다.

왼쪽 두번째 벽감에 설치한 깔끔하고 단순한 디자인의 선반은 이 집 곳곳에 사용되어 전체적으로 간결하고 아름다운 일치감을 준다.

심플하고 아름답게

런던 리치몬드 템스 강변에 있는 이 예쁜 연립주택은 작은 것도 아름다울 수 있다는 사실을 확실히 증명한다. 이 집은 실용성과 미적인 측면에서 좁은 실내가 전혀 문제가 되지 않음을 보여준다. 물론 내가 이 집의 주인이고 완전히 개인적인 공간이기 때문에 약간의 편견이 포함되어 있긴 하지만 말이다. 내가 살고 있는 작은 집은 이 책을 위한 많은 영감을 주었다.

이 집은 19세기 말에 지어진 영국 빅토리아 양식의 고전적인 연립주택이다. 위층에 방이 두 개가 있고 아래층은 거실과 식당으로 나뉜 전형적인 구조로, 인근 공장의 노동자들이나 근처 리치몬드 힐의 크고 고급스러운 저택에서 일하던 하인들과 그 가족을 위해 설계되었다.(내가 살고 있는 이 집에는 아이가 11명이나 되는 가족이 살았었다.) 거리에 인접한 이 주택단지에는 구멍가게와 공공건물 몇 채가 함께 붙어있었다고 한

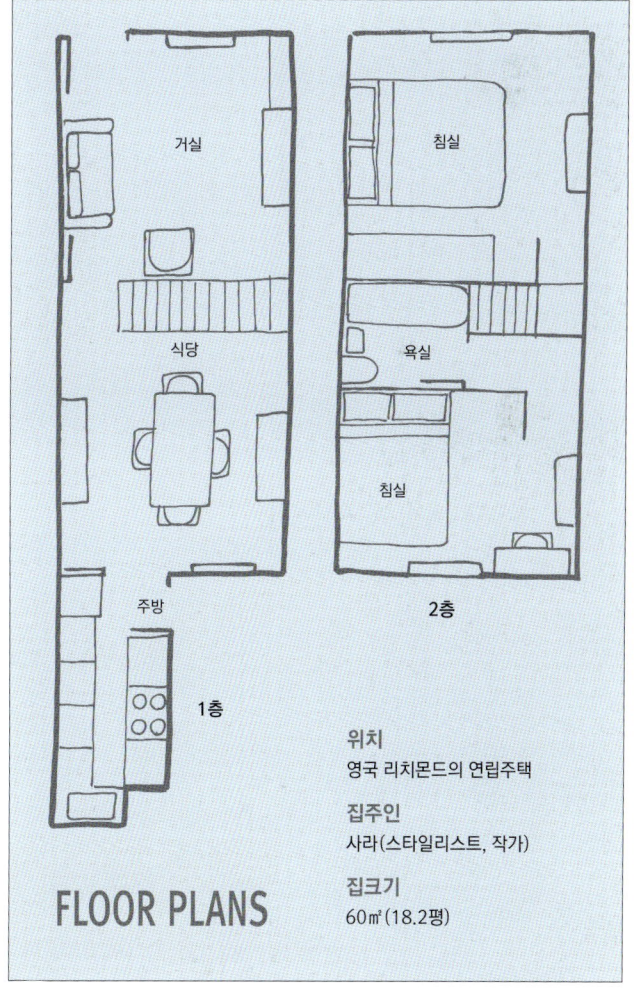

위치
영국 리치몬드의 연립주택

집주인
사라(스타일리스트, 작가)

집크기
60㎡(18.2평)

왼쪽과 아래 주방에 수납공간이 부족하기 때문에 아름다운 자기그릇, 빈티지 주방도구나 식기류, 유리그릇 등을 식당의 선반에 정리해서 수납 겸 장식 효과를 연출했다.

다. 그중 선술집은 현재까지도 여전히 성업 중이지만 구멍가게는 이제 주거용으로 개조되었다. 이곳의 강한 커뮤니티는 단지 부동산을 소유하는 것만이 아니라 이웃 주민들과 함께 어울려 살고 싶은 사람들의 마음을 사로잡는 매력적인 요소다. 갈수록 이런 지역이 줄어들고 도심에서 더 멀어진다는 것은 슬픈 일이다. 이 지역은 건축물의 원형을 가능한 한 보존하기 위해 '보존지구/역사지구'로 지정하고 있다.

이곳에 거주하던 사람들의 신분에서 예상할 수 있듯이, 이 지역 건축 양식의 특징은 단순하고 실용적이다. 건물의 외관은 아름답고 치장하지 않은 간결함이 느껴지며, 돌출된 부분 없이 평면적이다. 자연 벽돌을 사용한 건물 정면과 원래의 창문틀이 아직까지 그대로 남아 있다. 내부도 역시나 보는 이를 즐겁게 하는데, 아래층에는 거실과 식당이 중앙 계단에 의해 대칭 구조로 양분되어 있고, 위층에는 두 개의 방이 정확히 같은 크기로 위치하는 심플한 레이아웃이다. 화장실이 집 밖에 있는 구조였지만, 다행히 현대식 리모델링을 통해 침실 일부분을 분리해 욕실로 만들 수 있었다. 또한 집의 뒤쪽으로 주방을 확장해 안뜰까지 이어지도록 했다.

각 방은 아주 좁아서 큰 방이 3.5m^2(약 1평)를 조금 넘지만 비례가 잘 맞고 벽난로 양옆으로 유용한 벽감이 만들어져있다. 주물 벽난로가 여전히 옛 모습 그대로 있어 공간마다 시선의 중심이 되고 자연스럽게 가구의 배치를 여기에 맞추게 한다.

이 페이지 작은 공간을 유용하게 사용하려면 세심한 고려가 필요하다. 겉면을 벗겨낸 소나무 문은 옛집의 개성을 돋보이게 하지만 열어놓을 때는 바닥 공간을 얼마 정도는 차지한다. 거실 크기와 비율이 잘 맞는 깔끔하고 작은 소파를 배치해서 다른 가구들과 조화를 이루도록 했다.

"공간이 협소할 때에는 컬러를 몇 가지로 제한해서 단순하게 사용하는 것이 조화롭고 차분한 인테리어의 핵심입니다."

"가구를 배치할 때 소중한 물건 한두 개를 함께 진열하면, 공간이 아무리 작아도 아주 특별한 장소인 것 같은 느낌을 줍니다."

이 페이지 차갑고 근엄한 느낌과는 거리가 먼 거실 풍경. 전체적으로 흰 색조인 거실에 부드러운 회갈색과 은색을 더하고 섬세한 도자기와 유리 공예품을 전시해 격조를 높였다. 여름에는 가볍고 밝고, 겨울에는 벽난로에 불을 지피면 아늑하고 따뜻하다.

'주택보존에 관한 규제'의 허가를 받을 수 있다면, 중앙에 있는 계단을 허물어 공간감이 더 살아나는 개방형 구조의 거실과 식당을 만들 수 있다. 그러나 계단을 집의 측면으로 옮길 경우, 자칫하면 위층 방들의 모양이 왜곡되어 전혀 실용성이 없는 결과를 낳게 된다. 다른 대안으로는 벽난로를 모두 없애는 것인데, 공간을 조금 더 확보하려고 구조적으로도 비용면에서도 많은 소모를 하게 된다. 선반을 놓기에 적격인 벽감이 없어지는 것은 물론 벽난로의 미학적 잠재성이 완전히 사라지기 때문이다.

원래 신분이 낮은 사람들의 집이었음에도 이 집의 건축적인 섬세함은 훌륭하다. 가진 것을 버리지 말고 활용하라는 경구를 확고하게 믿는 나는, 이 집을 개선할 때 수수하고 단순한 원래의 스타일을 충분히 고려했다. 방의 크기와 완벽한 비율을 이루는 창문들은 빛이 아름답게 흘러들어올 정도로 충분히 크면서도 사생활을 보장할 정도로 적당히 작다. 창문마다 달린 고

위 좁은 집이라 하더라도 실내장식의 중심에 세월의 흔적이 느껴지는 것을 배치하면 의외로 잘 어울린다. 원형을 유지하고 있는 이 작은 방의 아름다운 벽난로는 한때는 난방에 사용되었다. 인더스트리얼 디자인의 라디에이터와 단순한 장식의 나무 덧창이 분위기를 보완하고 서로 잘 어우러져 실용적인 아름다움을 보여주고 있다.

왼쪽 첫번째 길게 늘어지는 도자기 벽걸이를 벽난로 옆 코너에 달았다. 도자기 공예품들 사이의 액자 없는 사진이 거실의 분위기를 더욱 차분하게 만들어준다.

왼쪽 두번째 핸드메이드 도자기 화병은 봄의 싱그러운 꽃들을 꽂아두기에 제격이다.

왼쪽 수납 아이디어는 실용적인 것부터 미적인 것까지 다양하다. 이 방의 침대 밑에는 철 지난 옷가지들을 정리해 넣은 여행가방이 단정하게 들어간다.

오른쪽 창가에 놓인 예쁜 화분은 작은 실내가 바깥 자연과 연결되도록 하는데 필수적이다.

아래 좁은 방에는 장식을 최대한 자제하는 것이 효과적이다. 장식품 몇 개와 따뜻한 침구가 잔잔한 분위기를 만든다.

"공간 전체를 흰색 계열로 장식할 때, 시선을 창문과 바깥으로 향하게 하면 공간이 실제보다 더 넓어 보입니다."

전적이고 간결한 스타일의 나무 덧창은 멋과 기능을 어렵지 않게 결합시킨다. 이 덧창들은 매우 실용적이기도 해서 깔끔하게 접어 작은 방안에 햇빛이 최대한 들어오도록 할 수 있다.

인테리어의 배경은 자연친화적이고 깨끗한 느낌을 주는 화이트워시(석회페인트)와 천연재료를 사용했다. 아래층의 벗겨진 마루는 사포로 닦아낸 후 나뭇결의 아름다움을 즐기기 위해 그대로 둔 반면, 위층 바닥은 흰색으로 칠해 분위기에 미묘한 변화를 주었다. 집 안의 모든 벽과 목재를 사용한 부분은 흰색 계열로 칠했다. 벽난로는 수수한 스타일이지만 안정감이 느껴지는 비율로 제작되었고, 각 방에 설치한 선반과 문틀은 전체적으로 간결한 아름다움을 유지하고 있다. 디자인 템플릿은 몇 개의 재료

이 페이지 단순한 디자인의 가구는 작은 공간에 매우 유용하다. 이 실용적인 수납장은 삼단서랍장 정도 크기로 수납공간이 넉넉하며 세련되고 아름답다. 차분한 바닐라 색을 선택해서 다른 장식들과도 어울리도록 했다.

"모든 물건의 제자리를 정해두면 좁은 집을 깔끔하게 유지하기가 쉽습니다."

나 요소만으로도 충분히 구성할 수 있다. 적은 재료를 사용해서 개별적인 공간들을 자연스럽게 연결하면 공간이 더 크게 보이며, 기능에 따라 가구 배치를 해도 자연스럽게 본연의 정체성을 유지할 수 있다.

일부 장식 요소에도 이런 규칙이 그대로 적용된다. 각 방의 벽난로 위에는 작고 섬세한 도자기

이 페이지 좁은 집에서는 공간을 다용도로 활용하는 것이 좋다. 손님방은 평소에는 홈오피스로 사용할 수 있다. 폭 1.2m의 이 골동품 침대는 요즘의 싱글침대와 더블침대가 잘 절충된 크기다. 덕분에 옆에 책상을 둘 수 있는 여유 공간이 생겼고, 침대 아래는 역시 수납공간으로 활용할 수 있다.

콜라주 액자를 걸고, 방마다 똑같은 디자인의 플로어램프를 배치했다. 또한 두 침실의 천장 등을 서로 맞춰 달고 아래층의 거실과 주방도 마찬가지로 설치했다.

기본 스타일은 건축자재의 원래 모습을 그대로 살렸지만, 무채색과 산뜻한 파스텔 색조의 천연 리넨, 따뜻한 울 패브릭, 다양한 소품들이 어우러져 고급스러우면서 더할 나위 없이 편안한 분위기가 만들어졌다. 풍부한 경험과 예리한 안목을 가진 스타일리스트(여전히 약간의 편견을 가지고!)의 집으로 손색없는, 소박하고 심플하면서 아름다운 집이 완성되었다. 다락은 아직까지는 용도를 정하지 못해 잠재적 개조 영역이지만, 자질구레한 물건들이나 기타 물품을 보관할 수 있는 눈에 보이지 않는 수납공간이 되어줄 것이다. 모든 종류의 물건은 아름답고 유용한 전시품이 될 수 있다. 생활용품을 조각 작품이나 섬세한 도자기들과 섞어서 거실에 진열하거나, 서랍에 넣어두기에는 너무 예쁜 그릇이나 나무 수저, 도마 같은 실용적인 물건들을 잘 진열하면 좁은 주방의 수납 고민을 해결할 뿐만 아니라 훌륭한 장식 효과를 낼 수 있다.

위 왼쪽 벽감에 작업파일과 책을 정리하기에 충분하도록 맞춤제작 선반을 설치하여 버려두기 쉬운 공간을 홈오피스로 변화시켰다.

위 오른쪽 욕실은 이 오래된 집에서 가장 작은 공간이다. 똑같은 크기였던 침실 중 하나를 일부 할애하고 계단 위쪽 공간을 포함해 만들었다. 예쁘고 실용적이며 집 전체 분위기와 조화를 이루고 있다. 산뜻한 화이트 색조이며 욕실과 크기가 딱 맞는 고풍스러운 세면대와 거울로 장식했다.

맞은편 페이지 아파트의 협소함과 한정된 예산에도 불구하고, 손님접대를 좋아하는 폴린을 위해 대리석으로 만든 큰 조리대 겸 카운터 식탁을 설치했다. 재료의 품격이 공간을 고급스럽게 변화시킨다.

왼쪽 첫번째 독특한 디자인의 전등으로 작은 공간을 훌륭하게 스타일링 했다. 이 펜던트의 각진 디자인이 계단의 지그재그 형태와 잘 어울린다.

왼쪽 두번째 리넨 커버를 씌운 매트리스와 흩어져 있는 쿠션들이 비어 있던 구석을 편안한 휴식공간으로 변화시킨다.

작고 컬러풀하게

이 작은 파리의 아파트는 약간의 창조성을 더한 아이디어가 얼마나 놀라운 결과를 가져오는지 잘 보여준다. 겨우 25㎡(7.6평)밖에 되지 않는 작은 크기와 제한된 예산 안에서, 파리 시내에 있는 이 아파트를 어떻게 커플의 생활 및 연구 공간으로 만들 수 있을지 집주인인 폴린은 고민에 빠져 있었다.

이 아파트는 70년대 말에 폴린의 부친이 구입했다. 그 이후로 이 집에는 여러 친구와 친지들이 머물다 갔지만 인테리어의 개선은 전혀 신경 쓰지 않고 지냈다. 리모델링은 실내를 바꿔보고자 하는 폴린의 열정으로 시작이 되었지만 본격적인 프로젝트는 전문가의 도움이 필요했다. 가족의 친구인 실내건축가 마리안느 이베뉴는 공간을 개조해 생기발랄한 인테리어를 창조해냄으로써 신발상자 크기의 파리 아파트들을 성공적으로 리모델링한 경험이 풍부했다.

마리안느의 디자인 철학은 작은 아파트

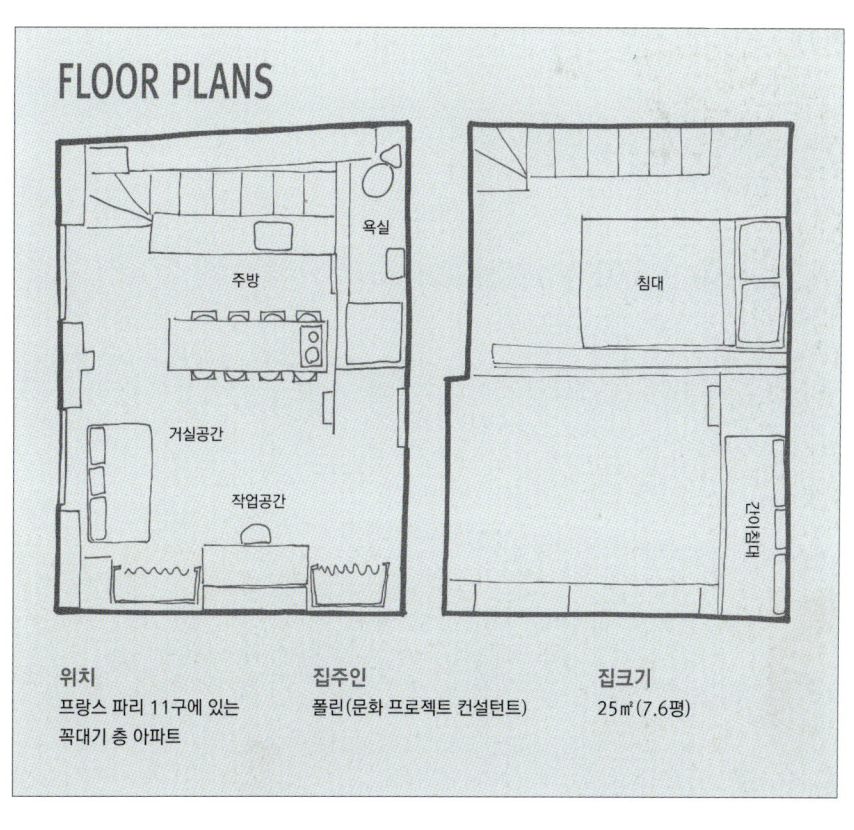

위치
프랑스 파리 11구에 있는 꼭대기 층 아파트

집주인
폴린(문화 프로젝트 컨설턴트)

집크기
25㎡(7.6평)

이 페이지 중2층으로 올라가는 계단을 주방 위쪽에 설치했다. 원래의 공간을 그대로 유지하면서 계단을 설치한 멋진 아이디어다.

안에서도 각 공간의 명확한 구분이 필요하며, 한 장소에서 다른 곳까지 운동감이 살아있어야 한다는 것이다. 그녀는 공간을 분리하기 위해 벽 대신에 트임이 있는 칸막이를 사용하고, 시야가 가능한 한 열려있도록 개방형 설계를 하지만 동시에 개인적인 공간도 함께 갖추도록 한다. 그러나 실내가 너무 작아서 그것조차 불가능한 경우라면 벽과 바닥에 다른 색과 무늬를 사용해 수면, 요리, 식사, 휴식과 일을 위한 공간의 경계를 성공적으로 구분한다. 마리안느는 또 현관이 매우 중요하다고 믿는다. 크기와 상관없이 현관은 내부 공간을 외부로부터 분리하는 역할을 하기 때문이다. 폴린의 아파트에는 이런 철학이 아름답게 적용되었다. 주방과 연결된 칸막이에 의해 현관이 주 생활공간과 분리되어 가려지고, 귀한 바닥 공간을 차지하지 않으면서도 폴린의 코트를 걸거나 부츠와 신발들을 보관하기에 충분한 여유가 생겼다. 또한 실내와 아파트 외부 복도 사이의 심리적 경계가 되어 준다.

기존의 실내 구조는 공간이 매우 모자랐고, 넓힐 수 있는 유일한 방법은 부족한 예산에도 불구하고 지붕 쪽으로 올라가는 것뿐이었다. 지붕 밑에 버팀목들이 얽혀 있던 공간은 한쪽 끝에서 다른 쪽 끝까지 중2층을 만들기에 적격이었다. 중2층은 침실이나 별도의 거실로 사용할 수 있고, 가끔씩 오는 손님용 침대를 놓을 수도 있음은 물론 아파트에 건축적인 재미를 더할 수 있는 훌륭한

마리안느 : "작은 아파트에서 조화롭게 생활하기 위해서는 무엇보다도 각각의 공간이 기능별로 잘 나누어져야 하고, 정리가 아주 잘 되어있어야 해요."

이 페이지 좁은 공간에서는 낮은 가구가 이상적이다. 작은 소파에 대담하고 밝은색의 기하학무늬 커버를 덮어 강렬한 인상을 만들었다. 폴린이 직접 칠한 타일 무늬 바닥이 소파 커버의 동적인 느낌을 보완한다.

맞은편 페이지 아래 대비되는 두 가지 색으로 벽을 칠하면 천장이 더 높아 보인다. 어두운 적회색 페인트를 벽 아랫부분에 칠해 바닥에 고정시키는 효과를 주고, 윗부분에는 밝은 흰색을 칠해 시선이 위로 향하게 만들어 천장이 실제보다 높아 보이게 했다.

방법이다. 주방 조리대 위로 설치한 기능적인 계단은 '침실'에 접근하는 길인 동시에 작은 주방이 들어갈 수 있는 공간을 만들어냈다. 이 독창적인 디자인의 계단으로 공간에 매력과 개성이 넘친다.

마리안느는 요리와 손님 접대를 좋아하는 폴린을 위해 리모델링의 나머지 예산을 긴 식탁에 우선적으로 사용했다. 이 고급스러운 대리석 식탁은 밑에는 수납공간이 감춰져 있고, 거실과 요리하는 공간 사이를 자연스럽게 분리해주는 역할을 한다. 작지만 기능성을 살린 샤워실에는 미닫이문을 달았다. 아름다운 무늬의 바닥 타일과 배관을 가려주는 줄무늬 커튼이 무심히 지나칠 수 없는 스타일을 보여준다.

하지만 이 아파트에서 가장 눈에 띄는 장식은 아마도 바닥일 것이다. 적은 비용으로 모자이크타일 효과를 내기 위해 테이프를 붙이고 부분별로 다른 색 페인트를 칠한 폴린의 노고가 담긴 작품이다. 기하학적 무늬와 낮은 채도의 색상이 강렬한 분위기를 만들어내면서도 다른 가구나 장식품들과 훌륭히 조화를 이룬다. 폴린의 업무공간에 설치된 주문제작 선반은 크지 않은 공간에서 안정적인 균형과 정돈된 디테일을 보여준다. 빈티지 스타일의 수납함 앞면은 서류함처럼 보이도록 디자인하고 차분한 색감을 사용했다.

맞은편 페이지 전체적으로 흑백 톤인 폴린의 업무공간은 색감이 풍부한 거실과 대비되어 각 공간이 명확한 성격을 갖게 되었다. 금속제 봉에 걸어놓은 단순한 커튼은 적은 비용으로 잡동사니를 효과적으로 가릴 수 있는 방법이다.

위 왼쪽 작은 공간에는 작은 장식품이 어울린다. 벽에 걸린 독특한 화병의 꽃 몇 송이가 폴린의 업무공간에 섬세한 느낌을 더한다.

위 가운데 흑백의 무늬는 깔끔하고 현대적이며 대담하게 방의 분위기를 연출해준다.

위 오른쪽 다양한 높이의 주문제작 선반은 작은 책들부터 큰 서류철까지 낭비되는 부분 없이 정리할 수 있어 공간을 절약하는 좋은 방법이다.

건축적인 개조를 제외하더라도, 이 작은 집은 제한된 예산 내에서 참신한 디자인과 무늬, 질감, 컬러의 생동감 있는 혼합이 작은 공간에 얼마나 멋진 감각과 세련미를 불어 넣는지 훌륭하게 보여준다.

오른쪽 첫번째 수납장에 설치한 줄무늬 커튼이 시선을 중2층으로 향하게 한다. 휴식공간인 중2층은 이 아파트에서 폴린이 가장 좋아하는 장소다. 오래된 나무 사다리는 동네 벼룩시장에서 구입했다.

오른쪽 두번째 욕실에는 공간을 절약할 수 있는 인더스트리얼 디자인의 미닫이문을 달았다. 무늬 타일 몇 개와 검은색, 흰색, 회색으로 제한한 컬러는 이 작은 공간을 매우 현대적인 느낌으로 만들어준다.

아래 사용되지 않던 지붕 밑 공간을 활용하기 위해 넉넉한 크기의 중2층을 만들어 양 끝을 침실로 개조했다. 폴린이 고른 다양한 줄무늬가 아파트 곳곳에서 장식적인 통일감을 준다.

폴린 : "중2층의 간이침대는 제가 좋아하는 곳 중 하나에요. 마치 나무 위 오두막에 올라가 있는 기분이거든요."

"건축적인 제약과 예산의 한계는 오히려 긍정적인 효과를 줍니다. 영감의 훌륭한 원천이 되기 때문이죠."

이 페이지 노출된 나무 버팀목이 중2층의 공간을 자연스럽게 둘로 나누어주는 역할을 하고 있다. 벽의 한쪽 구석 작은 틈새도 수납 공간으로 활용할 수 있다.

오른쪽 첫번째 해변에서 가져온 풀을 큰 유리병에 꽂아 실내가 외부와 연결되는 느낌이 들게 했다. 투명하고 가벼운 느낌의 유리병들이 아름답다.

오른쪽 두번째 빈티지 '톨릭스 체어'(프랑스 Tolix 사가 디자인한 의자로 인더스트리얼 스타일의 대표작)는 가족이 함께 식사할 때 사용하고, 평소에는 겹쳐서 구석에 치워둔다.

맞은편 페이지 지붕 아래 공간을 활용하기 위해 멋진 중2층을 만들고 사다리를 통해 올라가도록 했다. 이 공간은 침실이라는 기능적인 면 외에도, 주말의 휴식에 재미를 더해주는 요소다.

바다의 분위기 그대로

덴마크 퓐 섬의 들쭉날쭉한 해변에 인접한 이 기분 좋은 별장은 작은 공간에서의 생활이 제공할 수 있는 매력을 아름답게 보여준다. 깨어나기 아쉬운 백일몽을 꾸게 할 것 같은 이 집은, 작은 실내를 디자인하고 장식하는 수많은 영감을 제공한다.

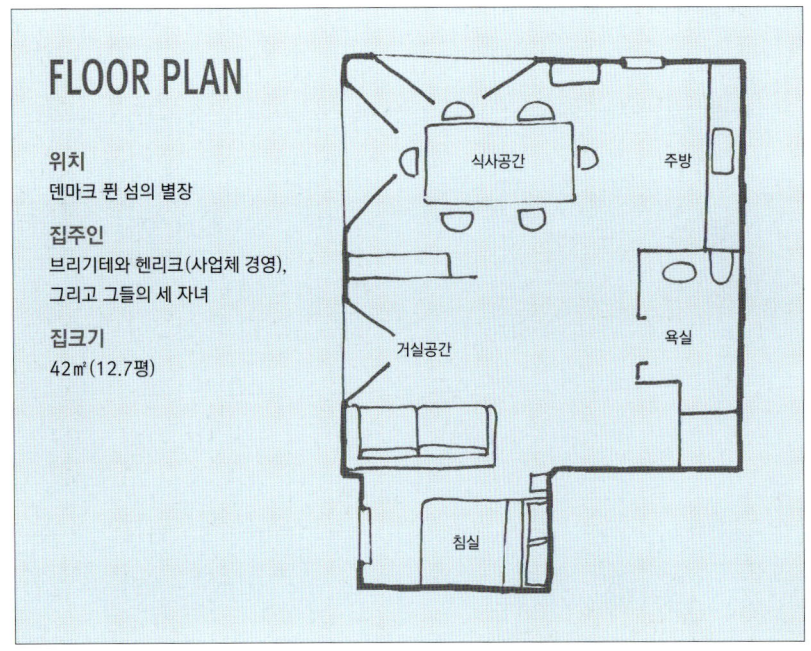

FLOOR PLAN

위치
덴마크 퓐 섬의 별장

집주인
브리기테와 헨리크(사업체 경영), 그리고 그들의 세 자녀

집크기
42㎡(12.7평)

해안을 따라 늘어선 몇 채의 집들 중 하나인 이 별장은 1920년대부터 역사가 시작되었다. 거의 온종일 낮이 지속되는(백야) 따뜻한 계절이 오면, 이 조용한 바닷가는 사람들로 북적이고 활기 넘치는 해변 휴양지로 변모한다. 많은 시간을 야외에서 보내므로 집을 둘러싼 나무 데크는 집주인이 바다 풍경을 온전히 감상할 수 있도록 세심하게 설계되었다.

15킬로미터 떨어진 인근 도시 케르테미네에서 사업을 하는 브리기테와 헨리크에게 조용한 시골 별장은 도시 생활과 기분

"중2층은 어른도 아이들처럼 좋아하는 공간이고 수납을 하기에도 훌륭하답니다."

위 식사공간은 가족이 자주 모이는 곳이다. 여름에는 문을 열어 실내와 야외의 데크가 연결되도록 하고, 겨울에는 난로와 양털가죽으로 풍성한 온기와 따뜻함을 느낄 수 있도록 한다.

맞은편 페이지 성당처럼 경사진 천장은 이 작은 집에 빛과 공간의 느낌이 살아나도록 해준다. 벽의 부드러운 푸른 색조는 낮에는 신선한 바다색으로 빛나고, 해가 지면서 따뜻한 자갈빛 회색으로 변해간다.

좋은 대조를 이루게 해준다. 이 지역은 지난 250년간 여러 개의 성과 역사적인 건물, 과수원들이 그대로 보존되고 있다.

이 집은 일 년 내내 사용하므로 계절에 구애받지 않는 실용성과 안락함을 추구했다. 좁지만 천장이 높아 고급스럽고 넓은 느낌을 주며, 빈틈없는 레이아웃과 디자인으로 분위기 있는 공간이 만들어졌다. 주방과 욕실 같은 기능적인 공간은 멋진 해변 풍경을 내다보기 어려운 뒤쪽 벽을 따라 배치했다.

위에는 중2층이 있어 사다리를 통해 지붕 밑으로 올라가 바다를 내다볼 수 있다. 그 아래에 주방과 욕실이 나란히 있으며 한쪽에는 아늑한 독서공간이 있다. 이 독서공간은 주방과 대칭 구조를 이루고 있어 건축적으로 균형감을 느끼게 한다.

집의 가장 끝쪽에 독립된 침실이 있고, 나머지는 생활과 사교를 위한 공간이며 곳곳에 이중문이 설치되어 외부와 연결되도록 했다. 여름에는 자갈해변과 바다가 보이는 데크

"작은 집이지만 높은 천장 덕분에 실제보다 훨씬 크게 느껴져요."

"이곳에서 여름을 지낸다는 것은 환상적이에요. 집 안에 있어도 마치 야외에 있는 것 같거든요. 심지어 겨울 폭풍이 올 때도 이 안에 있으면 자연 한가운데에 있는 것 같이 느껴져요."

쪽으로 문을 열어둔다. 일조량이 현저히 줄어드는 겨울에는 울 소재와 스칸디나비안 양털가죽, 양초, 랜턴 등을 이용해 집 안 곳곳을 아늑하게 만드는 데 신경을 쓴다. 이를 덴마크 사람들은 '휘게(hygge)'라고 한다. 덴마크의 이 지역은 밤에는 매우 어두워서 밤하늘의 별들이 특히 밝게 빛난다. 집 안에서 지붕의 천창을 통해 다이아몬드가 박힌 광활한 밤하늘을 바라보고 있으면, 외부의 폭풍우로부터 보호받고 있는 안락한 기분이 느껴진다.

실용적인 겨울 난방장치로는 장작을 때는 큰 난로를 설치했다. 벽의 나무 마감재는 여름에는 배의 선실의 멋을 느끼게 하고 겨울에는 단열과 따뜻한 감촉을 전해준다. 침실은 완벽하게 선실의 분위기를 재현했는데, 더블 침대에 딱 맞는 길이이며 바다를 향해 전망이 탁 트여 있다. 둥근 거울로 선실의 둥근 창문을 떠올리게 하는 등 전체적으로 바다와 배에서 영감을 얻은 일관된 장식을 보여주고 있다. 좁은 공간을 유용하게 사용하기 위해 옷장은 방에 딱 맞아 들어가도록 주문제작해서 설치했다.

이 집에는 공간감을 효과적으로 극대화하면서 편안함을 유지할 수 있는 멋진 아이디어들이 가득하다. 벽의 나무 마감재는 부드러운 푸른 색조의 페인트를 칠해서 햇빛이 들어오는 정도에 따라 창밖으로 보이는 바다 풍경처럼 색감이 변화하도록 했다. 거실과 식당은 단순한 칸막이를 사용해서 분리했다. 이 칸막이는 불편하거나 답답한 느낌

맞은편 페이지 해변을 향해 열려 있는 프렌치도어, 그 옆의 예쁜 등나무 의자와 빈티지 스툴이 느긋하게 여름 미풍을 즐길 수 있는 햇살 가득한 공간을 만들어준다.

오른쪽 위 아늑한 독서공간. 위에는 쓰임새 많은 선반을 달고 아래에는 사용하기 쉽도록 바퀴가 달린 서랍을 설치했다.

오른쪽 아래 현대적인 디자인의 2인용 소파는 어떤 작은 실내에도 이상적이다. 패브릭 소파 세트와 사이드테이블이 잘 어우러진다.

오른쪽 침실은 스타일과 기능 면에서 모두 바다의 분위기 그대로다. 아늑한 방에 딱 들어맞는 작은 더블침대, 미닫이문, 선실 창문 모양의 거울 그리고 푸른색과 회색의 색감은 모두 배의 선실을 떠올리게 하며, 바다의 아름다움을 그대로 유지한다.

아래 거실과 식당을 분리하는 낮은 칸막이 위에는 조약돌과 조가비를 올려놓았다.

이 들지 않을 정도로 낮지만, 공간의 경계를 만들기에는 충분히 높다. 침실과 욕실에 설치한 미닫이문은 공간을 절약하는 훌륭한 방법이다.

가족들의 잡동사니를 정리하기 위한 다양한 수납 아이디어들도 도입되었다. 독서공간에는 의자 아래에 바퀴가 달린 실용적인 서랍을 설치하고 선반에 등나무 바구니 세트를 배치해 시각적으로 어울리도록 했다. 주방에는 배의 선실에서 영감을 얻은 식기 선반을 달아 접시와 그릇을 멋지게 진열했다. 이 집이 바다를 항해할 일은 없으므로 그릇을 고정하는 가로막은 필요가 없겠지만, 바다를 느끼게 하는 멋진 요소다.

이 페이지 작은 욕실을 꾸밀 때는 시각적인 멋을 만들어내는 것이 중요하다. 우아한 장식의 나무 탁자를 개조하고 페인트를 칠해 배수관과 세면대를 설치했다. 예쁜 거울이 전체 분위기를 잡아준다.

오른쪽 첫번째 찰스와 레이 임스가 디자인한 이 클래식 흔들의자처럼 가벼운 가구는 작은 공간에는 고마운 존재다. 의자의 선명한 컬러가 강렬한 자극을 준다.

오른쪽 두번째 높이 조절이 가능하고 깊이가 얕은 선반을 설치해 진열과 수납용으로 유용하게 활용했다.

맞은편 페이지 유리를 끼운 파티션을 설치해 침실과 나머지 공간 사이를 분리하고, 어둡고 강한 색조를 사용하여 작은 아파트를 멋지게 변화시켰다.

어둡고 분위기 있게

프랑스 리옹에 있는 이 아파트는 작은 공간에서 어두운 색조가 어떻게 극적인 효과를 낼 수 있는지 보여주는 아주 좋은 사례다. 같은 구조, 같은 크기의 위층 아파트는 실내 전체가 흰색으로, 이 집과 완전히 다른 스타일이다.(78-85쪽 참고) 이 세련된 아파트는 크기가 $35m^2$(10.6평)에 불과하지만, 현대의 생활에 필요한 모든 요소를 담고 있다.

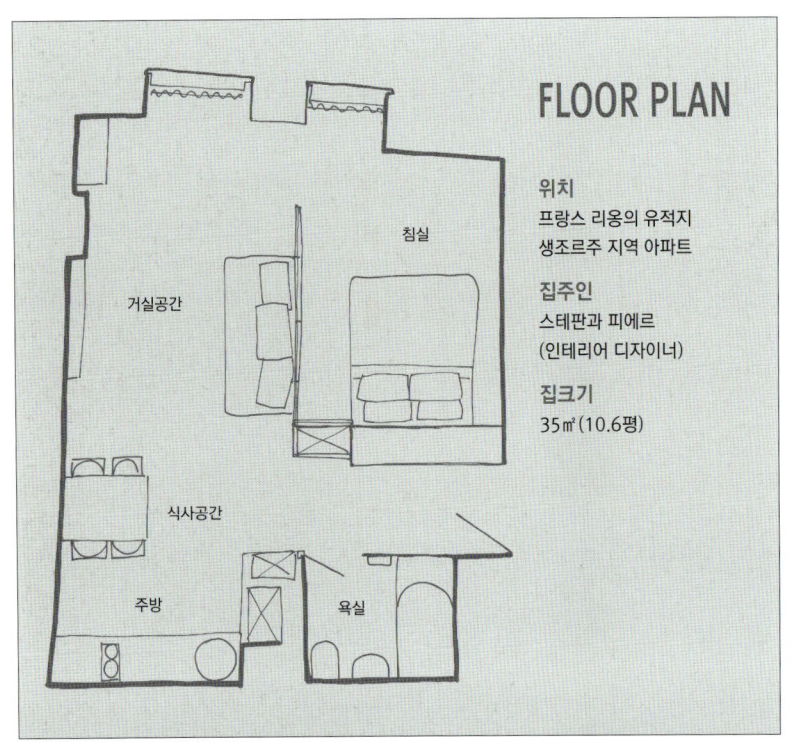

FLOOR PLAN

위치
프랑스 리옹의 유적지
생조르주 지역 아파트

집주인
스테판과 피에르
(인테리어 디자이너)

집크기
$35m^2$ (10.6평)

유네스코 세계문화유산으로 지정된 리옹 구시가지 생조르주 지역의 구불구불한 길에 멋진 16세기 석조건물이 자리하고 있다. 이 건물 안에 있는 아파트 두 채는 인테리어 디자인 듀오 스테판과 피에르의 작품이며, 이 아파트는 그중 하나다. 두 아파트는 도시 방문자를 위한 중단기 임대용으로 특별히 디자인하고 개조되었다. 머무는 동안 편안하면서도 멋진 경험을 할 수 있도록 풍부한 아이디어와 실용적인 디자인 방법을 동원해 원래 살던 집 같은 편안함이 느껴지도록 했다.

공간이 매우 작기 때문에 디자이너들은 아파트 내부를 가능하면 탁 트인 개방형 구조로 유지하

"깊은 인상을 주면서도 편안함을 잃지 않기 위해서는 공간을 제대로 파악하는 것이 중요합니다."

고자 했다. 표준 사이즈 욕조가 들어가는 넉넉한 크기의 욕실을 일단 정하고, 단조로운 원룸을 재설계해서 작지만 세련된 침실을 따로 만들었다. 이를 위해 욕실을 뺀 나머지 공간에 단순하면서 효율적인 L자형 벽을 설치했다. 이 벽은 바닥에서 천장까지 닿는 높이지만 절반이 유리로 되어 있어 침실용 공간을 확보하면서도 나머지 공간은 충분히 여유 있어 보이도록 했다.

철제 프레임에 유리를 끼운 인더스트리얼 디자인의 벽은 건축적인 면에서 눈길을 사로잡는 중심이 되며, 아파트의 품격과 분위기를 한층 높여준다. 위쪽 유리와 아래쪽 벽을 적절한 비율로 조합해 창으로부터 흘러들어온 자연의 빛이 아파트의 뒷부분까지 닿게 하고, 시선이 유리를 넘어 외부로 향하게 하여 개방된 느낌과 넓은 공간감을 부여했다. 그러면서도 두 공간 사이의 분리된 느낌은 여전히 유지된다. 유리의 면적을 최대한 넓히기 위해 벽은 침대를 가릴 정도로만 사용

맞은편 페이지 작은 실내를 디자인할 때에는 디테일에 주의를 기울이는 것이 균형감을 갖는 열쇠다. 이 방에서는 인더스트리얼 디자인의 라디에이터나 빈티지 나무 찬장 같은 강한 인상을 주는 요소가 편안한 소파와 리넨 쿠션, 모직 러그에 의해 부드럽게 순화되었다.

위 멋지게 조합한 선반 시스템에 설치한 텔레비전. 여러 사진틀에 둘러싸여 있지만 전체적인 아름다움을 흐트러뜨리지 않는다.

왼쪽 파티션 유리프레임의 짙은 색상이 벽의 부드러운 회색과 강한 대비를 이룬다. 이 유리프레임은 그 자체로도 디자인 요소가 되고 있으며, 수직 형태의 플로어램프나 찬장의 네모난 유리문 등 방 안의 다른 요소들과 영향을 주고받으며 어우러진다.

어둡고 분위기 있게 73

위 왼쪽 비좁은 공간에서는 수납장에 문 대신 커튼을 사용해 공간을 절약할 수 있다. 그러나 여기서는 기능보다 스타일에서 더 큰 효과가 나타났다. 커튼을 달아줌으로써 오픈된 공간에서 주방이 분리되는 느낌을 덜어준다.

위 오른쪽 따뜻한 느낌의 나무와 짙은 색 금속의 결합은 현대적이면서도 소박한 분위기를 연출한다. 이런 경향은 주방 장식품의 선택에서도 분명하게 나타난다.

맞은편 페이지 벽에 달린 흰색의 큰 전등갓은 밝고 강렬해 식사공간에 극적인 느낌을 준다.

했고, 옷 수납공간은 복도에 설치해 작은 침실이 고급스럽고 정돈된 느낌이 들도록 했다.

스테판과 피에르는 현대적인 감각의 부드러운 중간톤 회색을 선택해 벽을 칠하고, 여기에 깊은 색감의 다크블루와 검은색을 배색하면서 다른 장식들도 최대한 같은 색조를 유지했다. 결과적으로 두 디자이너의 훌륭한 감각 덕분에 복잡하지 않으면서 독특하고, 친밀함과 포근함이 더 커진 실내가 만들어졌다.

실내의 한쪽 벽에는 거칠게 베어낸 나무 널을 수평으로 붙였다. 이로 인해 시선이 확장돼 공간이 더 넓어 보이고 수직 라인의 유리프레임 벽과 보기 좋은 대조를 이룬다. 이러한 구성은 두 공간 사이가 무의식적으로 연결되도록 하면서 동시에 각각의 고유한 독립성을 유지하도록 해준다. 실내의 다른 공간들도 장식품을 적절히 사용해 비슷한 흐름으로 분리했다. 무늬가 있는 커다란 러그 두 개를 이용해

"작은 공간에서는 각각의 요소들도 중요하지만, 이들을 어떻게 조화시키고 크기와 비율을 조정하는가 하는 것이 가장 중요합니다."

왼쪽 현관에서 좁은 복도를 통해 곧장 식당으로 연결되고, 이어서 거실이 나타난다. 주방 역시 들어오는 입구에서는 보이지 않는다. 이러한 구조 덕분에 현관과 주 생활영역 사이에 적당한 거리가 유지된다.

아래 좁은 공간을 위한 아이디어들은 대체로 매우 스타일리시하기도 하다. 인더스트리얼 디자인의 작업등을 벽에 달고 작은 선반을 설치해 멋진 사이드테이블을 만들었다.

식당과 거실을 명확히 구분하면서도, 러그의 색상과 스타일에 유사성을 유지해 두 곳이 유기적으로 연결된 느낌을 주도록 했다.

스테판과 피에르는 몇 가지 아이디어를 적용해 공간의 잠재성을 높이면서 세련된 스타일과 감각을 살렸다. 작업용 전등이나 펜던트, 테이블램프 등 빛이 아래로 향하는 조명을 어둡고 분위기 있는 색감에 사용하면 아늑한 분위기가 한층 더 해진다. 세련된 디자인의 낮은 소파는 고급스러운 휴식공간을 만들고, 재생 목재로 만든 가구나 리넨 또는 천연 양모의 질감이 부드러움을 더한다. 빈티지하고 에스닉한 느낌, 세련되면서 소박한 감각, 그리고 현대적인 요소가 독특하게 섞여 있어 작은 크기에도 불구하고 강한 개성을 드러내는 인테리어가 완성되었다.

이 페이지 유리와 나무로 만든 파티션은 침실과 나머지 공간을 분리하면서도 여전히 연결된 느낌을 준다. 리넨 소재를 사용한 침대 헤드와 이불, 베갯잇은 거실과 같은 다크블루 색조를 선택했다.

"작은 공간을 디자인할 때에는, 누가 살 것이며 어떤 라이프스타일을 갖고 있는지 고려하는 것이 중요합니다."

맞은편 페이지 피에르와 스테판은 공간을 우아하게 변화시키고 실제보다 넓어 보이게 만들었다. 커다란 천장 등과 그 아래에 모인 의자들의 크기와 비율의 변화는 공간이 실제보다 넓어 보이는 효과를 만들어낸다.

왼쪽 첫번째 고전적인 액자몰딩 벽면은 동일한 색상임에도 불구하고 나머지 공간으로부터 식사공간을 훌륭하게 구분해준다.

왼쪽 두번째 수납 방법은 복잡해서는 안 된다. 큰 유리병은 식사 도구를 수납하는 편리한 방법 중 하나다.

우아하고 에스닉하게

메종 핸드(Maison Hand)의 디자이너 스테판과 피에르는 열정적인 여행가로, 해외여행에서 돌아올 때면 머리를 가득 채운 영감과 함께 가방은 구입한 물건들로 가득 찬다. 세계 곳곳으로 여행하고 다양한 종류의 호텔에 묵으면서 두 사람은 가슴 설레는 영감을 얻곤 하는데, 작은 공간에서도 조화로운 삶의 균형을 유지할 수 있는 실현가능한 아이디어들이다.

이 밝고 환한 아파트의 차분하고, 평화롭고, 정교한 에스닉풍 실내장식은 수많은 호텔의 가장 훌륭한 특징들만 모아놓은 스타일 작품집이다. 또한 두 디자이너의 오리지널 디자인 스타일이 결합된 것이기도 한데, 그 시작은 이들의 첫 번째 홈데코 비즈니스로 거슬러 올라간다. 당시 리옹에 오픈했던 'Hand'라는 이름의 인테리어 부티크는 핸드메이드 단품과 전 세계의 매력적인 소재들을 결합하는 데 전문성을 갖고 있었다.

두 디자이너의 계획은 이 아파트가 우아하고 에스닉한 아름다움을 지니며, 마치 외국에 있는

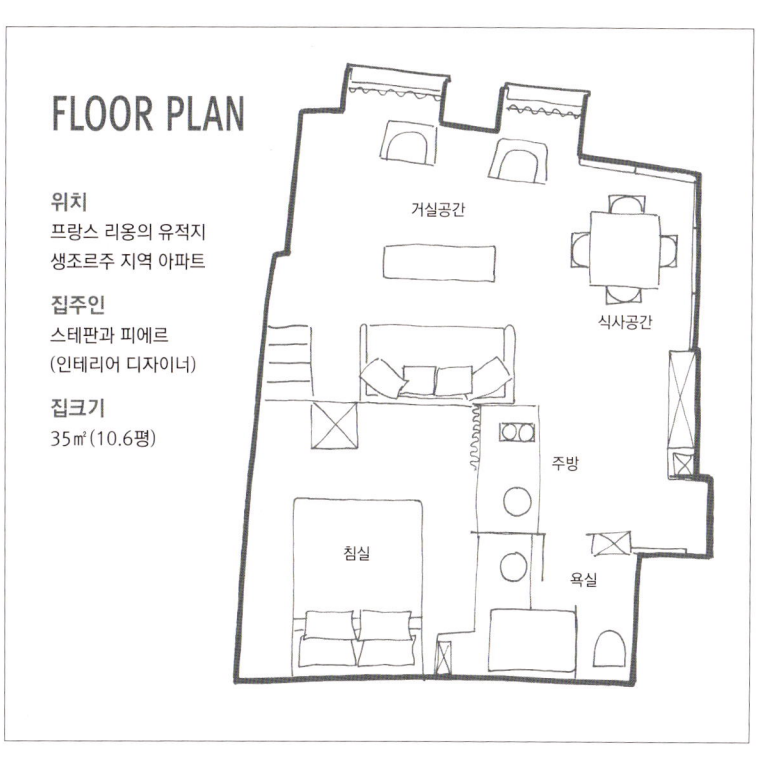

FLOOR PLAN

위치
프랑스 리옹의 유적지
생조르주 지역 아파트

집주인
스테판과 피에르
(인테리어 디자이너)

집크기
35㎡(10.6평)

이 페이지 매우 작은 주방이지만 음식을 준비하고 조리하는 데 필요한 모든 것들을 갖추고 있다. 단순한 봉과 고리는 주방용품을 수납하는 완벽한 방법이며 아름다운 장식 효과를 주기도 한다.

오른쪽 위 옛것과 새것의 조합은 공간에 재미를 주는 좋은 방법이다. 빈티지 나무 찬장에 흰색 페인트를 칠해 새 생명을 부여하고, 주방의 식기를 보관할 수 있는 소중한 수납 공간을 확보했다. **오른쪽 아래** 피에르와 스테판은 이 콤팩트한 샤워실과 바로 옆의 주방을 실용주의 스타일로 장식했다. 기본적인 흰색 타일과 검은색 그라우트가 대담한 스타일을 연출한다.

"우리는 여행을 많이 하고 여행 중 본 것들로부터 영감을 얻습니다. 호텔의 스위트룸은 작은 공간을 위한 아이디어를 얻기에 훌륭한 곳이죠."

듯한 느낌이 들도록 하는 것이었다. 또한 아파트의 제한된 공간 속에서도 휴식과 행복감을 주고자 했다. 이를 위해 두 사람은 팔걸이의자는 중국에서, 벽에 걸린 바구니들은 미얀마, 큰 등은 인도네시아 그리고 카펫은 모로코에서 가져왔다.

여러 지역의 물건이 모이다 보니 작은 공간에 다양한 지역색이 존재하지만, 자연목과 소박한 대나무·등나무의 질감, 차분하고 부드러운 흰색 벽 등에 의해 모든 것들이 자연스럽게 조화를 이루고 있다. '메종 핸드'의 실내 장식 프로젝트마다 실험을 반복해 온 스테판과 피에르는 특히 이런 작은 공간에 어울리는 색상과 재료를 잘 찾아낸다. 벽에는 약간의 녹회색이 감도는 오프화이트 페인트를 선택하고 바닥은 순백의 페인트를 칠해 기분 좋은 따뜻함이 느껴지도록 했다. 거실 바닥 한쪽에 놓인 큰 거울의 시각 확장 효과로 좁은 거실이 한층 넓어 보인다. 특히 침대 위의 거울과 거실 벽의 바구니들은 더욱 세심하게 공들인 장식으로, 몇 개의 유사한 물건들을 한데 배치해서 멋진 효과를 내면서도 거슬리거나 어수선하지 않은 장면을 만들어 낼 수 있음을 보여주는 완벽한 사례다.

하지만 이 작은 집에는 멋진 벽장식 외에 더 많은 것들이 아직 남아 있다. 콤팩트한 샤워실과 맞춤형 소형 주방이 공간의 여유를 만들어주어 이 원룸아파트 디자인의 핵심인 침실공간을 확보할 수 있었다. 침실은 바닥을 높이고 큰 유리 파티션을 설치해 밤에는 개인적인 공간이 되고 낮 동안은 나머지 공간과 연결된 느낌이 들도록 했다. 세 칸의 계단만으로 층을 나누었지만, 이 장치로 인해 아파트는 거실과 침실이 명확히 구분된다. 침실의 버려지는 공간에는 커튼을 달아 붙박이장으로 활용하고,

이 페이지 두 디자이너가 해외여행에서 가져온 흥미로운 장식품들은 작은 아파트에 세계의 장대함을 전해준다. 독특함, 기능성, 희소성의 조합은 어떤 공간에도 개성과 스타일을 더해준다.

세탁기는 침실 아래쪽에 설치한 후 작은 문을 달았다.

두 디자이너는 고전적인 공간 활용법을 사용해 큰 효과를 거두곤 하는데, 그들만의 독특한 스타일과 결합해 친밀하면서 매력적이고 세련된 공간을 창조한다. 식탁을 둘러싼 액자몰딩 벽면은 같은 색의 페인트가 사용되었음에도 나머지 공간으로부터 자연스럽게 식사공간을 분리해낸다. 각각의 액자몰딩은 빈 사진틀과 같은 역할을 하므로 굳이 많은 미술품이 없어도 그 자체로 멋진 비주얼을 보여준다. 천장에 달린 부피감 있는 등나무 전등과 인상적인 중국 팔걸이의자는 이 아

이 페이지 비슷하지만 약간씩 다른 등나무 바구니들을 벽에 예쁘게 걸어서 지나치게 복잡하지 않으면서도 멋진 장면을 연출했다. 거울을 통해 한낮의 빛을 더 환하게 하고 전체적으로 공간이 넓어 보이도록 했다. 부드러운 질감과 산뜻한 색조가 어우러져 거실을 편안하고 아늑한 공간으로 만든다.

파트의 보통 크기의 물건들과 어우러져 크기와 비율의 변화를 즐기게 한다. 깔끔하고 형태가 일정한 주방 수납장들 사이에는 빈티지 수납장을 배치해 변화를 주었고, 주방용품을 위한 추가적인 공간도 확보했다.

나란히 붙어있는 샤워실과 주방은 같은 타일을 사용해 두 공간이 연결된 느낌이 들도록 했다. 이 아파트에는 많은 반복이 의식적으로, 그리고 무의식적으로 존재한다. 흰색 타일의 검은색 그라우트(타일 사이에 바르는 회반죽)는 러그의 무늬, 벽에 걸린 그림들, 스탠드 전등갓의 테두리, 그리고 옷장의 커튼 고리와 봉에서까지 수없이 반복된다. 이처럼 잘 드러나지 않는 심플한 아이디어는 그러나 놀라울 정도로 효과적이다.

오른쪽 바닥을 올린 침실은 작은 공간에 꽤 잘 어울린다. 몇 개의 계단만으로 아파트의 다른 부분과 나뉘지만 완전히 분리된 공간으로 느껴진다. 침대 위쪽으로 유리가 설치되어 낮 동안에 침대를 가려주고, 밤에는 커튼을 펴서 빛을 차단한다.

"우린 서로 다른 스타일을 조합하는 걸 좋아해요. 그래서 우리 가게에는 현대적인 가구도 있지만 벼룩시장에서 산 빈티지 제품도 있어요. 모두가 흥미롭죠."

아래 협소한 공간을 인테리어 할 때는 자투리 공간을 잘 활용하는 것이 핵심이다. 세탁기를 비좁은 주방에 밀어 넣는 대신 바닥을 올린 침실 아래에 설치했다.

오른쪽 위 작은 크기에도 불구하고 침실은 스타일이 넘친다. 넉넉한 크기의 침대에는 내추럴한 색상의 부드럽고 고급스러운 리넨 시트와 담요를 겹쳐놓았다. 벽에 설치한 두 개의 전등과 베개의 깔끔한 배열이 대칭을 이루는 반면, 자유롭게 배치한 거울들은 고혹적이고 화려해 강렬한 대비를 이룬다.

오른쪽 아래 침실 구석 빈 공간에 리넨 커튼을 달아 멋진 옷장을 만들었다. 침실과 욕실 사이에는 인조유리를 끼워 창문이 없는 공간에 가능하면 많은 빛이 들어오도록 했다.

오른쪽 첫번째 주방의 벽은 화이트 인테리어에 생동감을 주는 신선한 바다색을 칠해 아들 아드리안의 칠판으로 사용한다.

오른쪽 두번째 크리스티나의 넘치는 화구들은 거실의 수납상자 겸 의자에 보관한다.

맞은편 페이지 개방형 구조의 식당 겸 작업공간은 밝고 환하다. 고무 바닥재는 이사를 왔을 때 이미 설치되어 있었고, 슬림한 가구와 아라쉬가 디자인한 펜던트 전등 등이 조화를 이뤄 공간감을 더 높여준다.

작은 상자들의 하모니

코펜하겐의 항구지역인 슬루스홀멘 반도에 있는 크리스티나와 아라쉬의 작은 아파트는 가족의 주거와 작업실의 기능을 동시에 수행해야 했다. 또한 이 아파트는 임대여서 원하는 만큼 구조를 변경하는 데 한계가 있었다. 이들이 처한 이중의 딜레마는 창의적인 아이디어를 필요로 했고, 멋진 솔루션을 만들어내게 했다.

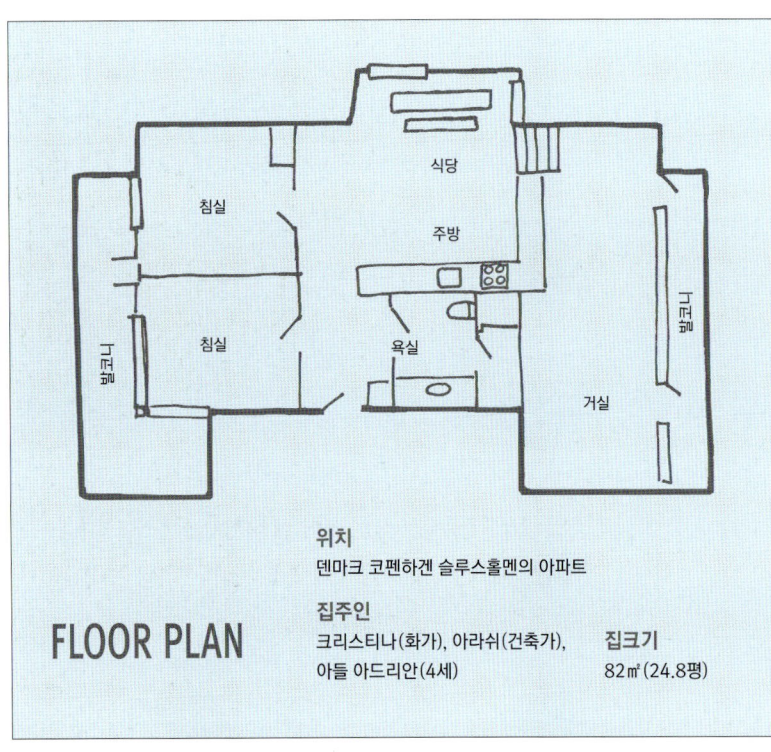

위치
덴마크 코펜하겐 슬루스홀멘의 아파트

집주인
크리스티나(화가), 아라쉬(건축가), 아들 아드리안(4세)

집크기
82㎡ (24.8평)

FLOOR PLAN

가구 수가 증가하고 독신자와 은퇴한 사람들이 늘어나면서 코펜하겐의 주택 수요도 증가했다. 이러한 요구에 따라 몇 개의 아파트 단지가 조성되었고, 한때 중공업 지역이었던 이곳은 이제 항구를 바라보는 멋진 풍경의 평온하고 조용한 주거지로 다시 태어났다. 크리스티나와 아라쉬의 아파트는 그림 같은 풍경이 내다보이는 곳에 위치하고 있다. 사람들로 활기가 넘치고 커뮤니티도 활성화되어 있는 이곳은 전에는 보트클럽에 속해 있던 곳으로, 이 지역에 개성을 부여하고 옛것과 새것이 아름답게 공존하고 있는 곳이다.

"이곳의 또 다른 디테일은 식탁 겸 책상을 둘러싼 의자의 배열입니다. 벤치를 사용하면 여섯 개 내지 여덟 개의 의자나 스툴을 두는 것보다 가볍게 보이죠."

아파트의 실내 구조는 작은 침실 두 개와 적당한 크기의 욕실이 거주하는 사람들에게 맞춰 신중하게 설계되었다. 심플하고 정돈된 상태를 유지하기 위해 크리스티나와 아라쉬의 침실에는 침대만 두고 모든 의류의 수납은 아들인 아드리안의 침실 커튼 뒤로 옮겼다. 거실은 작지만 높은 천장과 동쪽으로 난 큰 창문들이 있어 밝고 환하다. 실내는 모두 순수한 흰색을 유지해 미니멀한 공간에 대한 아라쉬의 애정을 그대로 나타내며, 한낮에 쏟아지는 햇살과 크리스티나의 그림과도 잘 어울린다. 하지만 이들은 컬러에 대한 애정도 함께 가지고 있어서, 이 임대아파트를 개성이 담긴 공간으로 바꾸기 위해 부분적으로 컬러를 강조하기로 했다. 이 방법은 단순하고 비용 면에서도 효과적이다. 그래서 선택된 것이 시원한 블루와 그린으로, 실내의 문들과 서재용 사다리, 주방의 칠판 그리고 직물류와 소형 가구에 적용되었다.

크리스티나와 아라쉬는 주로 집에서 일을 하기 때문에 아파트는 일터로 적합해야 했다. 식탁은 아라쉬의 책상 역할을 겸하고, 거실의 높은 벽은 크리스티나가 그림 작업을 위해 캔버스를 걸도록 했다. 하지만 아직 부족

맞은편 페이지 단조로운 출입문에 상큼한 청록색을 칠해 변화를 주었다. 강렬한 색을 사용하면 좁은 실내에 생기를 준다.

왼쪽 비좁은 주방에는 깔끔하고 심플한 모던 디자인을 선택했다. 다양한 크기의 서랍과 찬장의 조합으로 충분한 수납공간을 확보했고, 빌트인 가전제품 역시 공간을 절약하는 훌륭한 방법이 되었다.

아래 현대적 주방은 공간 절약을 염두에 두고 설계되곤 한다. 이 서랍은 싱크대 다리 부분에 설치되어 버려지는 공간을 활용했다.

"작은 아파트에서 생활하는 가장 좋은 방법은 가능한 곳은 어디라도 수납공간으로 확보하는 것입니다. 'Less is More'는 특히 작은 공간에 적용되는 규칙으로, 눈에 보이는 것이 적을수록 더 나은 공간이 됩니다."

이 페이지 수납함과 의자 기능을 겸한 아라쉬와 크리스티나의 참신한 디자인 상자들은 다양한 높이에서 창문 밖 멋진 경관을 내다볼 수 있게 한다. 독특하고 매력적이며 실용적인 상자들에는 크리스티나의 캔버스부터 신발과 장난감까지 모든 것들을 넣어 두었다.

한 것이 있었는데, 그것은 이들 커플에게 절실한 수납공간이었다. 일과 관련된 것들, 생활용품, 그리고 아드리안의 장난감 등을 담아둘 무언가가 필요했다. 창조적인 해결 방안을 원했던 두 사람은 높은 천장이 만들어준 거실의 빈 공간을 최대한 활용하면서도 최고의 전망은 그대로 유지하기로 했다. 그 결과, 아라쉬의 건축가적 경험과 크리스티나의 미적 감각이 결합해 '빌딩블록'이라는 수납과 휴식을 위한 참신한 아이디어를 탄생시켰고, 아라쉬의 작업으로 완성되었다. 쉽게 적용할 수 있는 이 아이디어는 어떤 공간에서도 어떤 방식으로든 재구성할 수 있다. 그리고 붙박이 가구가 아니므로 이동이 가능해 주택을 임대하는 사람들에게 아주 적합하다. 수납장 겸 의자 기능을 하는 17개의 자작나무 상자에는 흰색 페인트를 칠하고 옆에 구멍

"좁은 공간에서는 우리 집 책장처럼 가능하면 모든 것을 바닥으로부터 올리고 벽을 활용하는 것이 시각적으로 도움이 됩니다. 이렇게 하면 바닥 전체를 볼 수 있어서 방이 더 크게 느껴집니다."

위 선반에는 책들이 빽빽이 들어차 자연스럽게 다채로운 장면을 연출한다. 접이식 철제 사다리에 청록색 페인트를 칠해 도서관용 사다리를 독특하게 대체했다.

왼쪽 바닥이 약간 낮은 거실에는 크리스티나의 큰 캔버스가 산더미 같은 책들의 반대편 벽에 자리하고 있다.

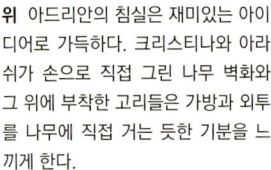

위 아드리안의 침실은 재미있는 아이디어로 가득하다. 크리스티나와 아라쉬가 손으로 직접 그린 나무 벽화와 그 위에 부착한 고리들은 가방과 외투를 나무에 직접 거는 듯한 기분을 느끼게 한다.

오른쪽 위 아드리안이 좋아하는 장난감과 책으로 채워진 선반. 작은 방에 즐거운 컬러를 더한다.

맞은편 페이지 두 사람의 침실은 아파트 단지의 안뜰에 면하고 있다. 그래서 크리스티나는 벽을 덮는 길고 고급스러운 커튼을 마련했다. 좁은 침실을 가구로 채우는 대신 침대만 두고, 옷은 아드리안의 침실에 수납했다. 공간감을 극대화하기 위해 침대 아래는 비워두었다.

을 뚫어 뚜껑을 밀어 올려 열 수 있도록 했다. 가장 큰 상자는 2m 높이로 크리스티나의 캔버스들을 넣어둘 수 있도록 특별히 디자인했다. 다른 상자에는 옷과 아라쉬의 디자인 작업 초안, 조각품, 그리고 아드리안의 장난감 등을 넣어두었다.

서로 다른 크기의 상자들을 배열해 앉아서 쉴 수 있는 아늑하고 친밀감 있는 공간이 만들어졌다. 매트리스는 손님용 침대로도 사용할 수 있고, 계단처럼 보이는 구조는 이 아파트에 역동적인 느낌을 준다. 인더스트리얼 디자인의 기차역 시계, 초대형 작업등, 그리고 벽을 따라 쌓아 올린 책 등 큰 장식품 몇 개로 악센트를 줌으로써 특징 없는 단순한 방에 극적인 분위기를 연출했다.

오른쪽 첫번째 화려한 장식의 촛대와 골동품 은식기는 미니멀한 실내에 우아한 매력을 더해준다.

오른쪽 두번째 효율적인 공간 활용을 위해 계단 아래에 넉넉한 크기의 수납공간을 만들었다.

맞은편 페이지 리넨 식탁보는 기본 스타일의 테이블과 의자를 우아한 손님접대용으로 탈바꿈시킨다. 접을 수 있는 가구들이라 사용하지 않을 때는 수납장에 보관한다.

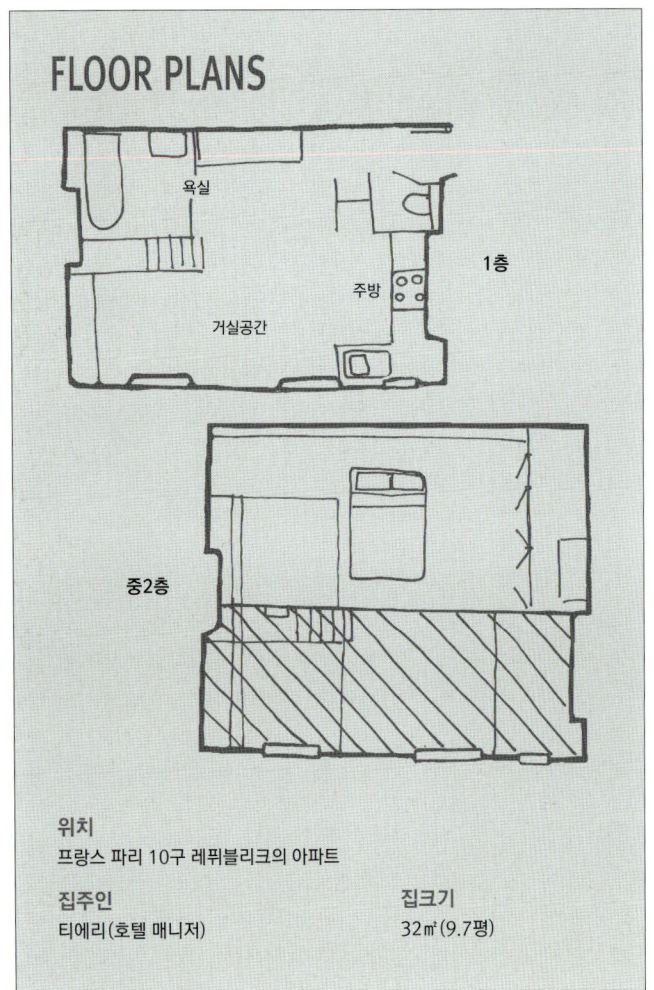

밝고 환하게

파리에 있는 이 작은 꼭대기 층 아파트의 첫인상은 놀랍게도 넓어 보인다는 것이었다. 풍부한 자연광이 남서향의 큰 창문으로 쏟아져 들어와 실내를 환하게 비춰줌으로써 32㎡(9.7평)에 불과한 작은 공간이 훨씬 크게 느껴진다.

그러나 좀 더 자세히 둘러보면 이 아파트의 공간과 빛의 효과가 자연적인 채광에서 온 것만이 아니라는 것을 알 수 있다. 그것은 지붕과 높은 천장까지 완벽히 활용한 고도의 건축적 설계와 인테리어 디자인의 디테일에서 온 것이다.

이 집의 주인인 티에리는 레퓌블리크 지역이 요즘처럼 고급화되기 전인 20여 년 전에 이 원룸아파트를 구입했다. 구입할 당시에는 지붕 공간이 포함되지 않은 기본 구조의 아파트였다. 공간이 점점 부족해짐에도 불구하고 티에리는 이 생동감 넘치고 인기 있는 파리의 중심지 아파트를 떠나고 싶지 않았다. 가

왼쪽 티에리의 조립식 소파는 다용도로 사용할 수 있다. 다양한 형태로 변형이 가능한 이 소파세트는 휴식을 위한 공간을 제공하고 현관과 거실 사이의 칸막이 역할도 해준다. 소파는 긴 안락의자와 분리해서 사용할 수 있다.

오른쪽 별도의 식사공간이 없으므로 티에리는 작은 바 테이블과 스툴 두 개를 주방에 배치했다. 작은 공간을 위한 합리적이고 능률적인 해법이다.

까운 거리에 주요 중앙역인 파리 북역과 파리 동역이 있고, 몇 분 거리에 새로 단장해 활기가 넘치는 레퓌블리크 광장도 있었다. 유일한 방법은 실내를 완전히 리모델링하는 것뿐이었다.

공간의 장점과 단점에 익숙했기 때문에 티에리는 무엇이 필요한지 잘 알고 있었다. 분리된 욕실과 잘 갖추어진 주방, 되도록 많은 수납공간을 간절히 원한 그가 건축가 실비 까엔에게 주문한 것은 심플한 아름다움과 생활하기 편리한 실용적인 인테리어였다. 호텔 매니저인 티에리는 작은 공간에서는 디자인 못지않게 실용적이고 스타일리시한 수납공간이 중요하다는 것을 잘 알고 있었다.

실비의 아이디어가 실행에 옮겨지기 시작했고, 아파트의 잠재성을 살리기 위한 첫 단계로 지붕 아래 공간을 구입하기로 했다. 이 공간은 이전에는 아파트 단지의 공동 창고로 사용되던 곳이었다. 실비는 전체 공간을 오픈하고 모든 벽을 헐어서 기본 뼈대만 남도록 했다. 그리고 빈 공간에 두 개의 '상자'가 들어가도록 재설계했다. 하나는 주방용으로 해가 잘 드는 쪽에 배치하

"제 아파트는 주방이 더해진 이상적인 호텔 방 같아요. 필요한 모든 것들이 손에 닿을 거리에서 사용하고 보관하기 쉽게 존재합니다."

이 페이지 수납장을 비롯한 집 안의 모든 붙박이 요소들은 천장에 닿을 정도로 높지 않고, 그 뒤에 뭔가가 있을 듯한 인상을 준다. 이러한 장치는 공간이 더 넓어 보이는 효과를 낸다.

"빈 공간은 채워진 공간만큼 중요하기 때문에 공간이 분할되는 것을 가능하면 피하고자 했습니다. 이런 작은 공간에서는 레이아웃을 부분이 아닌 전체로 보는 것이 중요합니다."

왼쪽 나무 계단의 갈색 톤은 실내에 전체적으로 사용된 연한 회색과 대비를 이룬다. 이러한 대비는 계단의 형태와 기능을 강조하고 시선을 위로 향하게 함으로써 공간감을 느끼게 한다.

아래 옷걸이와 선반이 달린 천장 높이의 수납장을 설치해서 충분한 수납공간을 원했던 티에리를 만족시켰다.

고, 다른 하나는 욕실용으로 창문에서 떨어진 중2층의 아래쪽에 배치했다.

중2층은 공간 전체를 가로지르는 길이로 설치했는데, 두 단으로 구성하여 낮은 쪽은 작업공간으로, 약간 높은 쪽은 침실로 정했다. 그리고 침실 안쪽으로는 활용도 높은 수납장을 솜씨 좋게 채워 넣었다.

리모델링을 통해 충분한 수납장이 눈에 띄지 않게 설치되어 수납공간에 대한 티에리의 요구는 확실히 충족되었다. 중2층으로 올라가는 계단 밑 공간까지도 수납장으로 활용할 수 있도록 했는데, 계단 아래에 감춰져 있고 간단히 문을 여닫을 수 있어 특히 더 간결하고 깔끔한 아름다움을 느낄 수 있다. 주방 수납장을 비롯한 모든 요소가 천장에 닿을 정도로 높지 않고, 주방과 욕실에 해당되는 '상자'들은 위에 빈 공간을 두어 이동이 가능할 것 같은 인상을 주게 했다. 이러한 인테리어는 아파트가 실제보다 더 크고 넓어 보이는 효과를 낸다.

이 아파트의 디자인 목표는 작은 공간을 실제보다 더 큰 느낌이 들게 하고, 가능하면 공간의 통일성을 유지하는 것이었다. 이는 장식을 최소한으로 절제하며 가구, 재료, 그리고 컬러까지 전체적으로 사용을 자제하는 한편 심사숙고해 결정한다는 것을 의미한

왼쪽 욕실은 중2층 밑에 설치했다. 미닫이문이 달려 있으며, 창에서 멀리 있어 햇빛이 적게 들어온다. 티에리는 어둡고 분위기 있는 고급스러운 인테리어를 선택해 호텔의 느낌을 집에서 느낄 수 있도록 했다.

아래 티에리의 침대는 중2층의 경사진 지붕 아래에 있다. 건축가는 처마의 양 끝에 낮은 수납장을 추가로 설치했다.

다. 조립식 소파는 현관과 거실 사이의 자연적인 칸막이 역할을 하며 다른 장식과 조화를 이룬다. 소파 맞은편에 놓인 낮은 수납장도 전체 스타일에서 도드라지지 않도록 선택했다. 따뜻한 자연목 마루는 거실과 계단을 매끄럽게 연결하고, 벽에 사용한 흰색과 연한 회색도 훌륭하게 조화를 이룬다.

아파트 전체를 밝고 순수한 흰색으로 장식하려 했던 티에리의 애초 바람과는 달리, 실비의 추천으로 순수한 흰색은 벽 두 곳으로만 제한했다. 그리고 찬장을 비롯한 모든 주문제작 시공품목에는 연한 회색빛을 띠는 흰색이 사용되었다. 미묘한 회색빛이 감도는 흰색은 온종일 빛의 강도에 따라 다양한 색으로 변화하면서 이 우아하고 절제된 공간에 온화한 분위기를 더해준다.

"작은 공간이라도 합리적인 개조와 감각 있는 디자인이 더해지면 정말 안락하고 기분 좋은 장소가 될 수 있습니다."

이 페이지 지붕 공간이 없던 예전의 아파트는 답답했었다. 티에리는 아파트 전체의 공동 창고였던 지붕 아래 공간을 구입했고, 건축가 실비는 이 부분을 중2층으로 만들어 사무실과 침실로 사용할 수 있게 변화시켰다.

반대편 페이지 큰 공장용 빈티지 카트를 장식장으로 사용한 거실. 무거운 재질인 금속과 나무를 사용한 선반이 소파의 부드럽고 포근한 아름다움을 더 강하게 한다.

왼쪽 첫번째 샘의 넘치는 골동품 컬렉션 사이에서 다육식물과 화초가 자연을 느끼게 한다.

왼쪽 두번째 작은 공간에서는 미술품의 크기와 위치를 세심하게 고려해야 한다. 우아한 여인의 초상화가 실내에 편안하게 자리하여 큰 인더스트리얼 제품들과 차분한 대비를 이룬다.

빈티지하고 세련되게

넓다고는 할 수 없는 100㎡(30.3평) 실내에 공장 스타일인 인더스트리얼 디자인을 적용하는 것이 가장 적절한 선택은 아닐 것이다. 그러나 스웨덴의 도시 말뫼의 중심가에 있는 이 꼭대기 층 아파트는 그 선택이 옳았음을 증명한다.

이 유서 깊은 19세기 말의 건축물은 원래는 하인들의 숙소였다. 이곳은 건물의 구조상 천장이 낮고 굴뚝 세 개가 아파트 안을 지나가며, 그중 두 개는 마주 보고 있는 벽의 양 끝에, 그리고 하나는 집 안의 한가운데를 지나간다. 원래는 아마도 작은 주방과 세탁실, 거실이 딸린 하녀의 집이었던 것으로 보이는 이 아파트는 모든 창문이 건물의 정면 쪽에만 몰려 있다. 이러한 특징들은 거주할 사람들의 편의성에 대한 고려가 전혀 없이 건물이 지어졌음을 의미한다. 가장 최근의 개조는 공간을 더욱 혼란스럽게 만들었는데, 여러 구

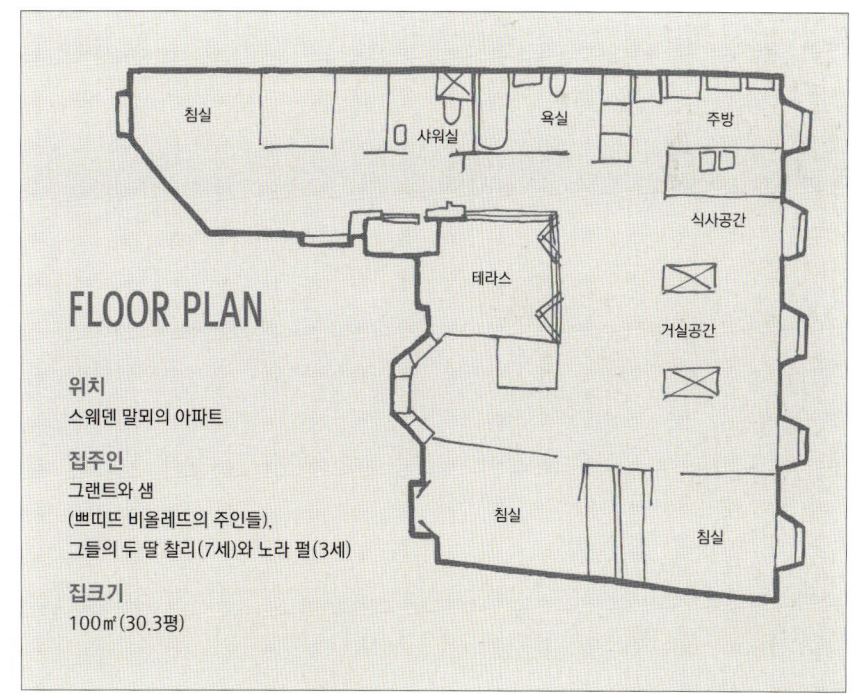

FLOOR PLAN

위치
스웨덴 말뫼의 아파트

집주인
그랜트와 샘
(쁘띠뜨 비올레뜨의 주인들),
그들의 두 딸 찰리(7세)와 노라 펄(3세)

집크기
100㎡(30.3평)

위 인더스트리얼 스타일을 좋아하는 사람이 작은 공간에서 산다는 것은 큰 도전이다. 수집에 대한 샘의 애정에도 불구하고 아파트의 모든 물건들은 어수선함을 피하기 위해 세심하게 선정되었다.

반대편 페이지 멋지게 낡은 편안한 가죽 소파를 나란히 배치해 고요한 분위기를 연출했다.

조적 장애물에 의해 방들이 비좁아지고 천장이나 바닥에 사용 가능한 공간이 거의 없었다.

많은 친구들이 아이가 생기면서 교외에 더 큰 집을 사서 이사를 나갔지만, 그랜트와 샘은 이 옛 건축물의 아름다움과 위치에 마음이 끌렸다. 학교와 어린이집, 일터 그리고 구시가지의 생동감 넘치는 카페와 레스토랑들이 모두 몇 분 거리에 있었다.

그랜트와 샘은 실용적 측면에서 반드시 필요한 것들을 체크해 보았다. 세 개의 침실, 욕실 겸 다용도실, 남향의 작은 테라스와 아파트의 중심인 주방·식당·거실이 필수적이었다. 처음 생각은 중2층을 두어 버팀목이 드러난 공간을 최대한 활용하는 것이었으나, 그러자면 아파트의 자연스러운 흐름을 방해할 듯했다. 그 대신에 건물이 지닌 미적 잠재성에 집중하기로 결정한 두 사람은 바닥 공간을 개선하기로 했다.

대규모의 리모델링 작업이 이루어졌다. 실내의 벽들을 철거하고 돌출된 굴뚝을 제거했으며, 천장의 높이를 늘리기 위해 지붕의 일부를 헐어내고 증축 시공을 했다. 바닥을 평평하게

고르고, 천창을 설치하거나 창문의 위치를 적절히 조정해 채광을 극대화했다. 이곳은 스웨덴이기 때문에 특히 겨울을 위해 가능하면 더 많은 빛을 확보해둘 필요가 있었다. 한편, 소녀들의 침실 벽 위쪽으로는 작은 '놀이집'을 만들고 거실에서 사다리를 통해 올라갈 수 있도록 했다. 이 공간은 나중에 딸들에게 더 이상 '은신처'가 필요하지 않게 되면 추가의 수납공간으로 활용될 수 있을 것이다.

그랜트와 샘은 집의 골조를 형성하는 버팀목에 인더스트리얼 디자인의 알루미늄 상자들을 달

왼쪽 개방된 공간에서 주방을 분리하기 위해 식당과 주방 사이에 큰 스테인리스 싱크대를 설치했다. 개수대, 서랍, 찬장, 식기세척기, 쓰레기통, 냉동고와 전자레인지를 모두 설치할 수 있을 정도로 크다. 자연 벽돌이 주방과 다른 공간을 분리하는 시각적 칸막이 역할을 한다.

오른쪽 주방 창문의 넉넉한 깊이를 잘 활용하여 주방용품을 걸어 놓을 수 있는 봉을 설치했다. 창문턱은 허브 화분과 작은 가전제품의 선반 역할을 한다.

오른쪽 아래 작은 공장용 카트를 벽에 고정해 주방 수납장을 대신했다. 쌓아 놓은 도자기 그릇과 유리잔 들이 풍성한 볼거리를 제공한다.

"큰 스테인리스 싱크대는 식당과 주방 사이의 경계 역할을 합니다. 공간을 지배하지 않으면서 보완하도록 한다면 작은 공간에 뭔가 큰 것을 놓는 것에 대해 두려워할 필요가 없다고 생각합니다."

위 왼쪽 옛날 상자들이 침실 옷장 위에 올려져 있다. 이런 형태의 수납은 실용적이면서 미적으로도 훌륭하다.

위 오른쪽 수납 방법을 찾아내는 것은 진화과정과 같다. 많은 부분이 두 사람의 빈티지 컬렉션에 의해 해결되었다. 침실에 작은 서랍들이 달린 수납장을 두어 그랜트의 사무실 서류를 보관하는 용도로 사용하고 있다.

아 작은 물건을 수납할 수 있게 했다. 이들 커플에겐 이전 시대의 인더스트리얼 작품과 골동품 컬렉션이 점점 늘어나고 있었고, 그 가운데 많은 것들은 이미 멋진 수납장으로 활용되고 있었다. 그러나 두 사람은 이 아파트의 개성을 가능하면 유지하고 싶었기 때문에 자신들의 컬렉션이 적절한 배경의 역할만을 하도록 했다.

빈틈없이 구성된 실내는 비교적 대규모의 개조에도 불구하고 역사적인 느낌을 그대로 유지할 수 있었다. 이러한 성공적인 결과는 두 사람의 깊은 고민과 참신한 계획이 리모델링과 디자인에 잘 반영되었기 때문이다.

거대한 버팀목들과 주방 벽에 드러나 있는 벽돌이 다소 강렬한 느낌을 주었지만, 공장용 전등이나 스테인리스 싱크대 그리고 큰 스메그(Smeg) 냉장고 같은 고전적인 실용주의 제품들에 의해 분위기가 완화되었다. 단순하고 우아한 파스텔 색조의 수납장과 주방 창문에 걸려있는 주방용품들이 시각적인 대비를 보여주고, 차가운 느낌의 톨릭스 의자는 나무 식탁에 의해

"우린 공간을 최대한 활용하고 싶었어요. 천장을 헐어내고 숨어있던 큰 나무 버팀목들이 드러나도록 해서 빛과 공기의 흐름을 증가시키고 아파트가 더 크게 보이도록 했죠."

이 페이지 아파트에 전체적으로 사용된 크림색은 빈티지 목제 가구와 노출된 버팀목의 짙은 색조를 보완한다. 광택을 낸 철제 라디에이터는 기능적이고 아름다워 아파트를 한결 분위기 있게 만든다.

위 왼쪽 이 아파트에는 두 개의 욕실이 있다. 커플의 침실에 작은 샤워실이 하나 있고, 큰 욕실은 전체 가족용이다. 고전적인 디자인의 위생도기와 작은 장식품들로 비좁은 샤워실이 훨씬 넓어 보이도록 했다.

위 오른쪽 두 개의 욕실에는 모두 미닫이문을 달아서 많은 공간을 차지하지 않도록 했다. 전체적으로 인더스트리얼 스타일을 유지하고 있지만, 흰색 타일과 검은색 그라우트는 실용주의 느낌을 준다.

왼쪽 집의 구조상 환기 통로는 다른 곳으로 옮길 수 없기 때문에 딸들의 침실 중 하나는 조금 마음에 들지 않는 레이아웃이 되었다. 이 문제를 극복하기 위해 침대를 창문 옆에 놓고 다른 쪽에는 수납장이 달린 책상을 놓았다.

부드러워진다. 마찬가지로 거실은 두 사람의 컬렉션인 빈티지 선반과 그 위에 놓인 산더미 같은 잡지·책·골동품 등이 구름처럼 편안한 흰색 소파와 자연스럽게 균형을 이루고 있다. 집 안에 산재된 창문턱과 선반에는 빈티지 장식품을 진열해서 전체적으로 인더스트리얼 느낌이 나는 공간에 고요함과 아늑한 느낌을 더했다.

세부장식에 뛰어난 감각을 갖고 있는 샘은 많은 물건을 자연스럽고 어색하지 않게 일관된 스타일로 조합했다. 덕분에 이 작은 집은 따뜻하고 생동감 있으면서 아름다운 공간으로 완성되었다.

"욕실에는 빈티지 스타일 미닫이 문을 달았어요. 일반적인 여닫이 문은 공간을 너무 많이 차지하거든요."

이 페이지 우유병이나 빵틀, 쟁반 같은 빈티지 주방용품들도 집을 장식하는 데 훌륭한 역할을 한다. 이런 정교하고 작은 소품들은 큰 인더스트리얼 제품들과 재미있는 대비를 이룬다.

맞은편 페이지 설치가 간단한 칸막이벽은 주방의 조리대를 잘 가려준다. 겹쳐놓을 수 있는 스툴이 공간의 느낌을 가볍게 유지한다.

왼쪽 첫번째 사샤는 주방의 색을 정할 때 그가 좋아하는 캐시미어 목도리의 푸른 색조로부터 영감을 받았다. 꼭 맞는 푸른색을 찾기 위해 페인트 가게로 목도리를 가져갔다고 한다.

왼쪽 두번째 작은 벽거울이 주방 싱크대의 푸른색을 반사한다.

거울벽의 효과

때로는 가장 작은 아이디어가 가장 강력한 효과를 낸다. 스톡홀름 시내에 있는 이 원룸아파트는 집주인의 독창성이 가장 중요한 자산임을 입증한다. 몇 가지의 간단한 변경 작업만으로 24㎡(7.3평)밖에 되지 않는 아주 작은 실내가 매혹적인 공간으로 변신했다.

스톡홀름 쇠데르말름 지역의 중심부에 자리한 이곳은 스웨덴의 수도에서도 가장 인구밀도가 높은 곳 중 하나로, 전에는 이 도시의 노동자 계층이 살던 지역이었으나 세월이 지나면서 점차 고급화되고 인기도 높아진 동네다. 간단히 SoFo로 부르는 이 지역은 보헤미안부터 예술가, 도시의 가장 성공한 전문직 종사자들까지 모든 계층의 마음을 사로잡는 곳으로, 독특한 분위기의 거리와 그사이에 늘어선 가게들, 예술가들의 작업실과 풍부한 문화시설의 영향으로 크기에 관계없이 아파트 가격이 비싸고 구하기도 점점 어려워지고 있다.

FLOOR PLAN

위치
스웨덴 스톡홀름
쇠데르말름에 있는 아파트

집주인
사샤(인테리어 스타일리스트)

집크기
24㎡(7.3평)

스타일리스트이며 스스로를 '전형적인 도시인'이라고 칭하는 사샤의 아파트는 친구들과 그의 작업실 그리고 창조적 영감으로 가득 찬 지역에서 몇 분 거리에 있다. 사샤에게 아파트 선택의 가장 중요한 조건은 위치였기 때문에 테이블과 의자 두 개가 딱 들어갈 정도의 발코니가 딸린, 그의 표현대로 '모든 것들의 중심'에 있게 되는 이 작은 원룸아파트는 그런대로 수용할 만했다. 발코니에서 내려다보면 언덕 아래의 물가를 건너 스톡홀름의 가장 아름다운 풍경이 그림엽서처럼 펼쳐진다.

이 아파트의 실내는 작지만 햇살이 가득하다. 이런 특징은 건물 앞면 전체가 창문과 발코니로 채워져 있다는 것 외에, 사샤의 창의적인 접근방식이 큰 역할을 했다. 이 아파트는 사샤가 구입하기 전에는 세를 주는 집이었기 때문에 꽤 지저분하고 초라했으며, 지나치게 화려한 벽지가 여기저기 붙어있어 대대적인 수리가 필요했다. 그러나 몇 가지만 잘 변경하면 완벽한 생활이 가능한 원룸형 주거지로 전환할 수 있음은 분명했다.

위층에 다른 아파트가 있기 때문에 천장 높이에 여유가

위 칸막이벽은 주방에서 현관으로 가는 통로가 된다. 얕은 선반들은 도자기류와 유리그릇들을 수납하는 데 필요하고, 거울을 설치한 반대편 벽은 햇빛을 고루 반사해 공간감을 더 높여준다.

오른쪽 스타일리스트인 사샤의 연출 솜씨로 진열된 선반 위의 그릇들이 아름다운 장면을 연출한다.

"좁은 공간에 생기를 불어넣는 가장 간단한 방법은 자연적인 요소를 가져오는 것입니다. 작고 아름다운 나뭇가지나 멋진 꽃 한 송이 또는 거리에서 발견한 깃털도 괜찮아요."

이 페이지 도자기를 전시한 단순한 수직 선반은 시선을 위로 향하게 해서 공간이 더 높아 보이게 만들고, 탁자는 여러 종류의 책들에 의해 무게감이 느껴진다. 다양한 액자와 골동품들도 작은 공간에서 성대한 축제 같은 시각적 즐거움을 준다.

"나는 아파트가 개인적이고 창조적인 공간이 되기를 원했습니다. 또 항상 신선함을 유지할 수 있기를 바랐어요. 정물이 그려진 아름다운 대리석 트레이는 주변과 잘 어울리고 자주 바꿔줄 수도 있습니다."

없어서 중2층이나 다락으로 전환하는 것은 생각할 여지도 없었다. 공간 구성은 매우 간단하다. 현관으로 들어서면 바로 적당한 크기의 욕실이 있고, 거실과 주방이 칸막이로 분리되어 있다. 벽은 빛의 강도를 높여주는 순수한 흰색을 선택했다. 그리고 색의 대비를 위해 천장에는 부드러운 올리브그린을 선택해 오픈된 공간에 '천막 덮개' 같은 느낌을 주었다.

그러나 이 아파트에서 가장 눈에 띄는 것은 주방과 거실 사이에 설치한 칸막이벽이다. 이 벽은 사샤와 건설업자 친구가 설치한 것으로 비교적 간단하고 비용대비 효과도 높은 방법이다. 전체적으로 개방된 느낌을 잃지 않으면서도 주방의 요리하는 구역을 효과적으로 분리하는데 아주 적절하다. 또한 현관과 주방 사이의 통로 역할을 하기 때문에 공간에 자연

맞은편 페이지 사샤의 책들은 거대한 영감의 원천이다. 책의 고급스러운 그래픽과 컬러가 패브릭에서도 반복된다.

위 투명 아크릴 패널에 개인적 추억이 담긴 사진이나 엽서를 진열했다. 간단하게 교체가 가능해 쉽게 분위기를 바꿀 수 있다.

왼쪽 사샤는 즉흥적으로 책을 쌓아 매력적이고 멋진 커피테이블을 만들었다.

거울벽의 효과 117

스러운 흐름을 만들어준다. 칸막이의 거실 쪽 전면에는 거울을 설치해 빛이 반사되도록 했다. 그로 인해 공간감을 한층 높이고 실제보다 더 커 보이는 효과를 주었다. 한편 주방 쪽 면에는 사샤가 디자인한 길고 얇은 선반들을 달아 수납과 장식을 겸하도록 했다.

"나는 물건들을 좋아하지만 공간이 꽉 차는 것은 원치 않았어요. 그렇다고 메마르고 차가워 보이는 것도 원치 않았죠. 이것이 적절한 균형이에요."

맞은편 페이지 위 사샤는 지역 화랑에서 영감을 얻어 핸드메이드 도자기들로 그의 컬렉션을 구성했다.

맞은편 페이지 아래 사샤는 멋지게 꾸미기에 너무 작은 공간은 없다고 믿는다. 이 원룸아파트에는 각각의 물건들이 그룹별로 어우러져 멋지게 진열되어 있다.

왼쪽 아파트를 개성 있는 공간으로 만드는 방법 중 하나는 무늬와 컬러를 혼합하는 것이다. 무늬와 컬러의 혼합에 대한 집주인의 애정은 생활공간에서 잘 나타난다. 벽에는 푸른색과 갈색, 검은색이 혼합된 기하학적인 무늬의 프린트들이 액자에 담겨 걸려있다. 이런 디자인은 러그와 침구에서도 반복되어 나타난다.

    스타일리스트인 사샤의 풍부한 지식과 디자인 경험 역시 큰 도움이 되었다. 실내 전체에 그가 좋아하는 컬러와 패턴을 세심하게 고려해서 사용했고, 대담한 그림과 줄무늬 직물류, 조각품들도 마찬가지다. 이러한 노력으로 각 공간이 차분하고 질서정연하게 연결되어 어수선하지 않으면서도 따뜻한 느낌을 준다. 하드커버 책들을 쌓아 사이드테이블로 사용하거나, 희귀한 물건이나 골동품들을 화랑처럼 전시하고 주기적으로 변화를 주는 것도 작은 공간에 신선함을 유지해주는 좋은 방법이다.

오른쪽 첫번째 식당으로 들어온 한낮의 햇살이 긴 직사각형 채광창을 통해 벽 뒤편 어두운 욕실에까지 전해진다.

오른쪽 두번째 집안을 컬러풀하게 꾸미는 가장 저렴한 방법은 작은 식기나 젓가락 같은 소품을 다양한 컬러로 갖추는 것이다.

맞은편 페이지 컬러는 실내에 개성과 에너지를 부여하는 매우 중요한 도구다. 생동감 넘치는 파란색 바닥은 시선을 아래로 향하게 해서, 아파트의 경사진 처마로 인한 답답함을 보완해준다.

컬러풀하고 아늑하게

파리 9구 중심의 전통적인 아파트 단지에 위치한 이 아파트는 처음 방문하는 사람들에겐 평범한 인상을 풍긴다. 그러나 공동 현관을 통과해 복도를 지나 가파른 나선형 계단을 올라가면 텍스타일 디자이너 안느와 그녀의 가족이 살고 있는 컬러풀하고 창조적인 주거공간이 나타난다.

6층에 있는 이 작은 아파트는 건물 자체가 가진 자연적 매력의 축복을 받았다. 경사진 천장과 크고 우아한 창문이 아름답게 균형을 이루고, 이 문을 열고 나가면 세련된 철제 발코니가 아파트 전면에 걸쳐 설치되어 있다.

짙은 네이비블루로 칠한 아파트 안 복도는 이 창의적이고 컬러풀하며 아름다운 공간에 강한 첫인상을 남긴다. 네이비 블루는 자칫하면 우울하고 비좁게 느껴질 공간을 고급스러운 우아함으로 바꿔주었고, 햇살 가득한 나머지 공간들과 멋

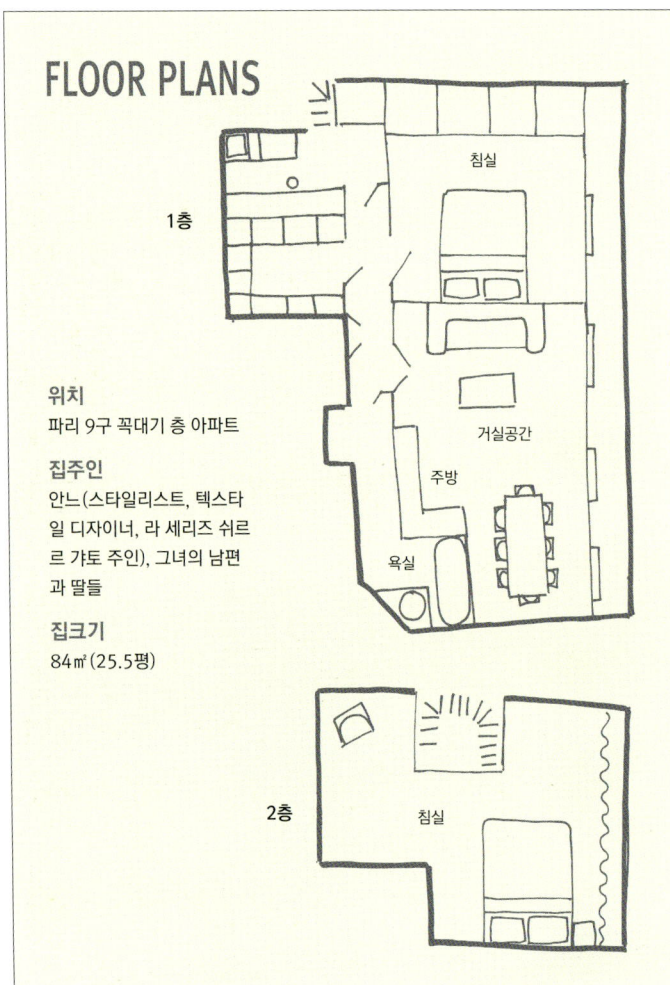

FLOOR PLANS

위치
파리 9구 꼭대기 층 아파트

집주인
안느(스타일리스트, 텍스타일 디자이너, 라 세리즈 쉬르 르 갸토 주인), 그녀의 남편과 딸들

집크기
84㎡ (25.5평)

"주방은 실용적인 공간이에요. 인형의 집처럼 작지만 그래도 제겐 충분해요. 레이아웃이 아담하면서도 사용하기에는 편리하죠."

왼쪽 창문으로 햇빛이 가득 쏟아져 들어오는 주방은 자연목을 사용하여 더욱 따뜻하고 아늑한 느낌을 준다. 안느가 직접 디자인한 패브릭 수저통이 컬러풀한 매력을 더한다.

아래 왼쪽 큰 레터링 장식품이나 작은 찻잔처럼 다양한 크기의 물건들을 무작위로 배치해서 시선을 사로잡는 장면을 연출했다.

아래 오른쪽 주문제작한 키 작은 수납장은 안느가 수집하는 인테리어 잡지와 라이프스타일 관련 서적을 꽂기에 알맞게 디자인되었다. 그녀가 좋아하는 컬러 중 하나인 파란색은 아파트 안의 다른 가구나 장식품들과도 잘 어울린다.

지게 대비를 이룬다.

　아파트의 실내는 한때 카펫이 깔려 있고 벽지를 바른 어두운 공간이었다. 안느는 실내장식만으로 아파트를 완전히 다른 곳으로 바꿔놓았다. 밝고 환한 공간을 사랑하는 안느는 이 아파트가 자연채광을 충분히 받을 수 있는 구조라는 데에 주목했고, 그 장점을 활용하기로 했다. 아파트의 벽은 모두 흰색 페인트로 칠해 작은 공간이 넓게 느껴지도록 하고, 바닥은 부분적으로 다채로운 색감을 사용했는데 거실에는 하늘색을, 위층에는 초록색을 선택해서 시선이 위보다는 아래로 향하게 해 낮은 천장으로 인한 답답함을 보완했다.

　각 방은 분홍색과 빨간색의 러그를 깔고 독특한 가구와 직물 등을 활용해 안느가 좋아하는 다채로운 형광색들로 물들였다. 작은 계단을 통해 지붕 쪽으로 올라가면 손님용 침실과 드레스룸이 나타난다. 이곳은 깨끗한 흰색에 톡톡 튀는 무늬와 컬러가 어우러져 낡고 좁은 공간에 생기를 불어넣을 수 있는 완벽한 사례를 보여준다.

위 거실은 편안하고 즐거운 안식처이며, 전직 스타일리스인 안느의 창조성이 그대로 드러나 있는 곳이다. 식탁의자로 사용하는 학교걸상은 물론 커다란 옛날 가게 간판이나 스탠드램프 같은 것들은 안느가 벼룩시장에서 찾아낸 빈티지 물건들이다. 그녀가 직접 디자인한 쿠션들이 소파에 쌓여있다.

이 페이지 안느의 집은 전형적인 파리의 꼭대기 층 아파트로, 경사진 지붕이 멋진 장면을 만들어낸다. 그 밑에 작은 골동품 의자를 배치해 아늑한 분위기를 연출했다.

왼쪽 첫번째 크고 푹신한 소파에는 부드러운 회갈색을 사용해 컬러와 무늬가 넘치는 쿠션과 차분한 대조를 이루게 했다. 안느가 디자인한 쿠션들은 형광색과 파스텔 색조, 재미있는 캐릭터와 꽃무늬가 자연스럽게 섞여 독특하고 개성 있는 스타일이 완성되었다.

왼쪽 두번째 안느는 아파트에서 일을 하기 때문에 한쪽 모퉁이를 작업실로 만들었다. 한 줄로 늘어선 정리함은 좁은 장소를 깔끔하게 유지하는데 최적이다.

아래 안느는 복도에 짙은 네이비블루를 선택해 채광이 적어 어두운 공간에 자연스럽게 어울리도록 했다.

파리의 낭만적인 다락 아파트의 전형을 보여주는 이 아파트는 우아한 창문 너머로 도시의 지붕과 스카이라인이 멋지게 펼쳐진다. 안느는 자연스럽고 창조적인 인테리어로 이 작은 공간에 수준 높은 실용성과 아름다움을 만들어냈다. 거실과 식당을 터서 공간이 넓어 보이게 하고, 벽면의 구조 때문에 분할되는 공간은 아늑한 모퉁이로 연출했으며, 이 구조에 맞춰 가구를 선택했다. 안락의자는 처마 밑에 자리를 잡아 섬세하게 조화를 이루고, 깊고 낮은 소파는 비좁은 느낌 없이 안락함을 제공한다.

안느는 작고 낮은 테이블과 가늘고 긴 스탠드, 벽에 붙인 큰 레터링 장식의 비율을 절묘하게 맞춰 나란히 배치함으로써 '인형의 집' 같은 효과를 연출했다. 학교걸상 스타일의 귀여운 식탁의자는 큰 나무식탁과 크기의 대비를 이루며, 가족끼리 식사를 할 때는 편안한 친밀감을 주고 모임을 할 때에는 널찍한 자리를 제공한다.

제한된 예산 내에서 스타일리스트로서의 경험을 살려 자신의 첫 번째 집을 꾸민 안느의 아이디어는 단순하지만

위 왼쪽 침실도 역시 컬러풀한 스타일을 유지하고 있다. 침대 뒤쪽에 라임색을 칠해 간단하고 저렴하게 침대의 헤드보드를 대체했다.

위 가운데 작은 침실에 어울리는 독특한 스타일의 전등갓. 라임색의 심플한 철사 전등갓 사이로 파란색 옷장이 보인다.

위 오른쪽 작은 빈티지 테이블이 고물상에서 찾아낸 거울과 함께 화장대로 변신했다.

효과적이었다. 이 아파트에는 그녀가 절약하며 살던 시절의 흔적이 곳곳에 남아있다. 빨랫줄에 달린 우편엽서와 메모지들이 침대 위에 걸려있고, 나무 패널에 페인트를 칠해 침대 헤드보드의 효과를 냈다. 작은 침실에는 대나무로 엮은 옷걸이를 만들어서 옷장이 들어갈 여유가 없는 곳의 수납 문제를 재치 있게 해결했다. 또한 방 모서리의 좁고 길쭉한 벽감에는 책꽂이를 짜 넣고, 침대 옆의 처마 밑 공간에는 단순한 커튼을 달아 수납공간으로 변화시켰다.

교외에 가족의 집이 따로 있는 안느에게 이 아파트는 가족과 일터 사이의 완충지가 되어주며 그녀의 디자인에 영감을 불어넣어 주는 곳이다. 독특한 꽃무늬와 화려한 색감, 장난스러운 무늬의 패브릭 등이 어린 시절의 추억을 떠올리게 하는 이 작은 '도시 은신처'는, 구석구석이 참신한 아이디어로 채워져 있으며 '평범한 것은 지루하다'는 그녀의 철학이 잘 담겨있는 곳이다.

이 페이지 문의 크기와 컬러를 다양하게 조합한 수납장이 한쪽 벽면을 채우고 있다. 푸시-풀(push-pull) 방식으로 여닫을 수 있어 깔끔한 아름다움이 돋보인다. 대담한 물방울 무늬 침구 커버가 기분 좋은 대비를 이룬다.

이 페이지 이 아파트의 매력은 꼭대기 층 아파트의 공간적 제약에 의해 만들어졌다. 손님용 침실을 아늑하게 만들기 위해 버팀목들을 원래 모습 그대로 노출하고, 처마 밑 공간에는 커튼을 달아 수납공간으로 활용했다.

"무엇보다 밝고 조용해서 이 아파트를 골랐어요. 그리고 멋진 '파리의 지붕 밑' 방이잖아요! 저는 아늑한 안식처 같은 장소를 찾고 싶었어요."

오른쪽 다락의 높이가 너무 낮아 일반적인 옷장은 들어갈 수가 없다. 또한 옷장은 작은 공간에서는 무겁고 다루기 힘들며 햇빛을 가리기도 한다. 안느는 가느다란 대나무를 이용해서 멋진 옷걸이를 만들었다. 옷들과 실내장식에서 그녀의 컬러에 대한 애정이 듬뿍 드러난다.

아래 왼쪽 이 오래된 아파트는 구석구석이 완벽하게 활용되고 있다. 지붕 경사면 쪽의 빈 공간에 선반을 달아 책장을 만들었다.

아래 오른쪽 좁고 자연채광이 부족함에도 불구하고 욕실은 예쁘고 신선한 느낌을 준다. 안느는 욕실 대부분을 시멘트 회색으로 칠하고, 상큼한 라임색과 분홍색을 선택해 회색을 보완했다.

오른쪽 첫번째 작은 공간에 맞춰 특별히 디자인된 주방기기들은 이 좁은 주방에서도 완벽한 요리가 가능하도록 해준다. 공간을 절약할 수 있는 서랍형 식기세척기를 설치할 여유도 있었다.

오른쪽 두번째 다락방 버팀목이 주방과 욕실 사이의 자연적인 칸막이 역할을 한다.

맞은편 페이지 지붕 모양에 따라 높이가 다른 천장이 레이아웃에 가장 큰 영향을 미쳤다. 건축가는 높이에 맞춰 각각의 기능을 설계해 공간을 최대한 활용했다.

아담하고 귀엽게

파리 6구에 위치한 이 자그마한 다락방은 아무리 작고 불편한 공간도 성공적인 인테리어가 가능하다는 것을 보여준다. 한편, 도심의 인기 있는 지역 안에서 살기 위해 감당해야 하는 엄청난 비용에 새삼 놀라게 한다.

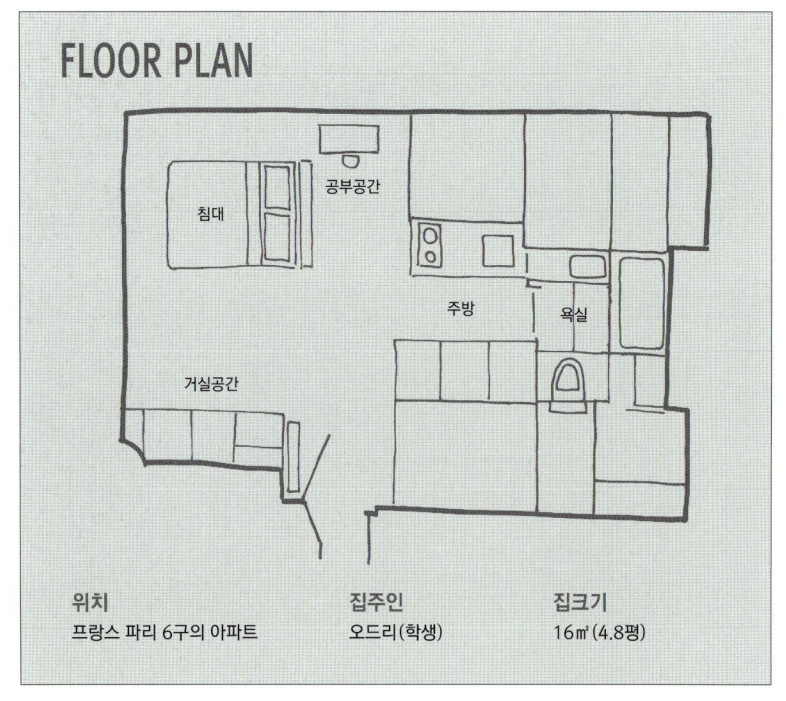

프랑스 지식인과 예술가들의 터전인 파리 중심가 생제르맹데프레에 있는 이 작은 다락방은 부티크와 레스토랑, 카페들이 즐비한 생제르맹 거리에서 불과 몇 분 거리에 있다. 이곳은 모두가 원하는 센느 강 왼쪽 구역으로 부동산 가격이 만만치 않은 곳이다.

집의 크기는 겨우 한 사람이 살 정도로 작지만 소르본 대학에 다니고 있는 집주인 오드리에게 이곳은 완벽한 곳이다. 대학과 뤽상브르 공원에서 도보로 몇 분 거리이며, 파리의 명소인 카페 되마고와 카페 플로르를 포함해서 활기 넘치고 인기 있는 카페들이 가까운 거리에

오드리 : "이곳은 제겐 완벽한 장소에요. 제 키가 별로 크지 않거든요. 잠자고 먹고 공부하고 등등 생활하기에 정말 편리해요. 학생 혼자 살기에 이상적인 공간이죠."

반대편 페이지 큰 천창을 몇 개 설치해서 햇빛이 충분히 들어오게 했다. 밝은 톤의 나무 바닥과 흰색 벽도 공간의 느낌을 강조하기 위해 선택했다.

왼쪽 오드리의 가구는 작은 공간에 완벽하게 어울린다. 필요할 때 크기를 조절할 수 있는 식탁 겸 책상에는 빛을 반사하는 유리판을 사용했다. 투명 아크릴 의자와 협탁으로도 사용할 수 있는 스툴은 경쾌한 느낌을 준다.

아래 이 다락방의 크기와 모양은 난감할 정도여서, 수납장은 주문제작을 할 수밖에 없었다. 키가 큰 수납장에는 오드리의 옷과 신발을, 작은 수납장에는 학생용 책과 서류를 보관했다.

모여 있다.

매우 협소한 공간임에도 불구하고 실용성과 스타일을 모두 갖추고 있는 이곳은, 식탁을 겸한 책상과 충분한 수납공간 등 학생에게 필요한 모든 편의시설을 갖추고 있다. 별도의 침실 없이 낮은 소파가 침대를 대신하기는 하지만, 그 자체로 적당히 보헤미안적인 느낌을 주고 파리의 대학 생활에 어울리는 배경이 되기도 한다.

원래는 17세기 건물의 다락 창고였던 이곳은 건축가 실비 까엔에게는 하나의 도전이었다. 급경사의 지붕 구조와 낮게 드리운 버팀목은 바꿀 수 없었기 때문에 전체 레이아웃을 여기에 맞춰야 했다. 샤워실이나 주방 등 서 있어야 하는 공간은 천장이 가장 높은 중앙으로 정하고, 식사나 공부 등 앉아서 하는 일은 중간 높이에, 그리고 침실과 수납공간은 가장 낮은 측면으로 레이아웃을 정했다.

위 왼쪽 건축가인 실비는 다락방의 버팀목 구조물을 이용해서 공간을 분리했다. 이 구조물은 램프와 향초를 올려놓는 선반으로도 활용된다.

위 오른쪽 가파르게 경사진 지붕 구조가 흥미로운 각도를 만들어낸다. 낮게 드리운 창문을 통해 바깥 공간이 바로 내다보여 탁 트인 느낌을 준다.

반대편 페이지 침실을 별도로 마련할 공간적 여유가 없으므로 낮은 높이의 소파 겸용 침대를 설치하고 회색과 빨간색의 침구를 선택했다. 낮은 침대와 건축 구조상의 특징이 어우러져 마치 성당 같은 분위기를 느끼게 한다.

채광을 늘리기 위해 원래 있던 창문을 제거하고 위치를 변경해서 어둡던 다락방이 빛으로 가득한 공간으로 변신했다. 창문으로 보이는 전경은 파리의 스카이라인과 닿아 있고, 구름 뒤로 생 쉴피스 성당의 탑까지 펼쳐져 마치 하늘과 연결된 듯한 느낌이 든다. 실비의 탁월한 솜씨가 가장 돋보이는 작품이다.

실내는 가급적 조도를 높이기 위해 흰색을 선택했고, 흰색과 잘 어울리는 차분한 회색 계열을 함께 사용해 보완이 되도록 했다. 어두운 회색 욕실은 나머지 흰색 공간과 시각적으로 뚜렷한 구분이 되며, 방의 반대편 끝에 적당한 거리를 유지하며 설치되었다. 믿을 수 없을 정도로 작지만 완벽한 기능을 갖춘 주방은 흰색 하이그로시 재질을 사용해 공

실비 : "다양한 기능을 수행할 수 있는 유동적인 공간을 만들고 싶었어요. 예를 들면, 주방과 침실 사이의 공간을 식사와 공부를 겸할 수 있는 공간으로 만드는 거죠."

반대편 페이지와 아래 어두운 회색 톤의 샤워실은 다른 곳에서 바라봤을 때 거의 눈에 띄지 않는다. 구석의 틈새 공간까지도 선반으로 활용해 샴푸와 로션을 올려놓았고, 천장이 낮게 드리우는 빈 공간엔 벤치를 만들어 목욕 용품을 준비해놓는 용도로 사용한다.

오른쪽 위 서부시대 선술집 스타일의 문이 욕실과 나머지 공간을 확실하게 구분해준다.

오른쪽 아래 아담한 크기의 세면대가 욕실 수납장에 설치되었다. 이 수납장은 주방 싱크대나 조리대와 같은 재질을 사용해서 두 공간을 자연스럽게 연결해준다.

간이 답답한 느낌이 들지 않도록 했다. 연한 떡갈나무 바닥과 흰색 벽 또한 공간이 넓어 보이도록 선택한 것이며, 작은 장식품이나 패브릭 제품에서만 컬러에 변화를 주었다. 크기 조절이 가능한 식탁과 투명 아크릴 의자, 쌓아 놓을 수 있는 스툴 등 가구도 좁은 공간에 맞도록 세심하게 선택했다.

오드리에게 이 다락방은 완벽한 '작은 집'이다. 예쁘고 실용적이며, 공부가 끝난 후 친구들과 함께 즐기고 쉴 수 있는 충분한 공간을 제공하기 때문이다.

맞은편 페이지 브리짓 라일리의 '로즈 로즈' 올림픽 포스터가 벽난로 위에 걸려있다. 현대적이고 다채로운 색감의 디자인이 이곳의 투박하고 빈티지한 아름다움에 경쾌한 요소를 더한다.

왼쪽 첫번째 섬세하고 우아한 철제 빈티지 선반이 분홍색 벽과 완벽하게 어우러진다.

왼쪽 두번째 아담한 크기의 학교걸상은 여분으로 사용하기에 좋다. 사용하지 않을 때는 쌓아서 한쪽 구석에 깔끔하게 보관할 수 있다. 학교걸상의 실용주의적 스타일은 한때 노동자들의 오두막이었던 이 장소에 자연스럽게 어울린다.

거칠고 자연스럽게

거칠고 단조로운 이스트 서섹스 해변에 위치한 이 빅토리아풍 연립주택은 원래는 매우 실용적인 목적으로 지어졌다. 예전 해안경비대의 숙소였던 이 집은 지하창고, 거실과 식당 그리고 작은 방 세 개 등 여러 개의 작은 공간들로 나누어져 있고, 문이 달린 중앙계단이 각 층을 연결한다.

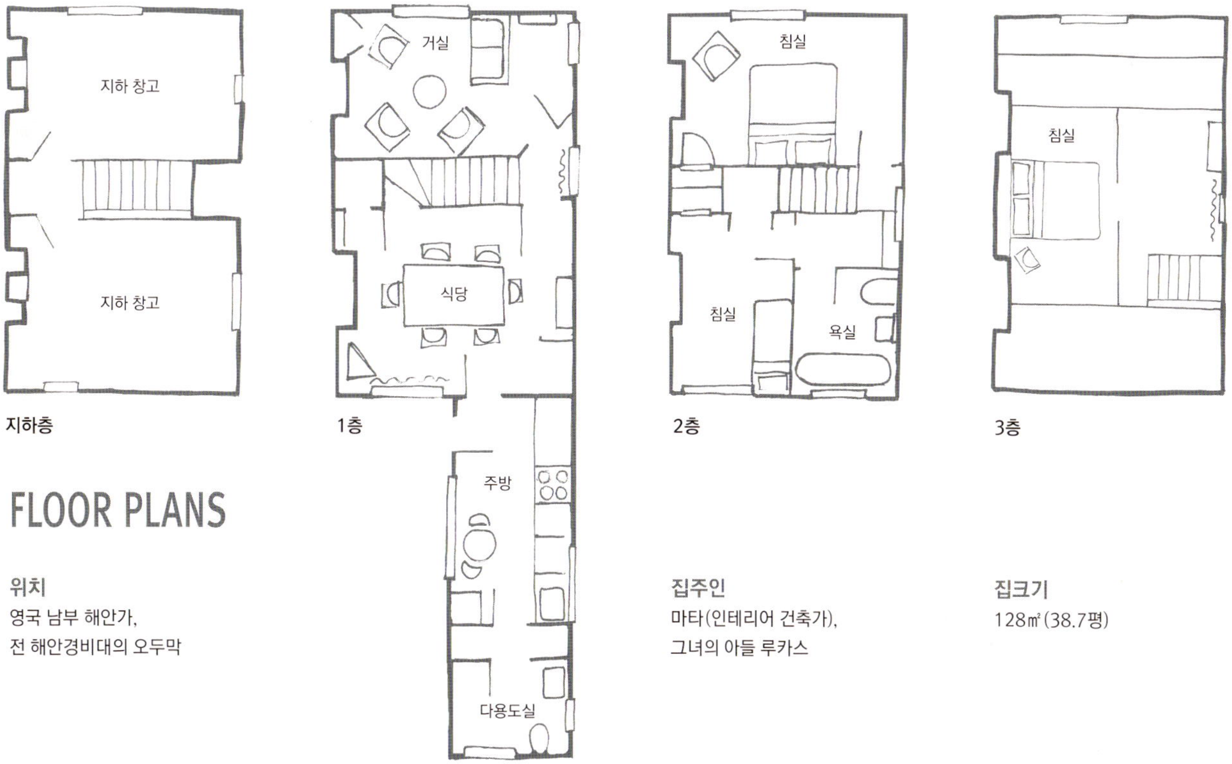

FLOOR PLANS

위치
영국 남부 해안가,
전 해안경비대의 오두막

집주인
마타(인테리어 건축가),
그녀의 아들 루카스

집크기
128㎡ (38.7평)

"작은 공간일수록 살기는 더 편해요. 모든 활동이 집중된 공간에서 이루어지거든요!"

앞서 얘기했듯이, 이 오두막의 크기가 작은 이유는 건물의 역사적이고 실용적인 목적 때문이었다. 집의 구조는 실내의 온기를 가능한 한 유지하고, 바다에서 불어오는 험난한 바람으로부터 최대한 보호받고 쉴 수 있도록 설계되었다. 현재는 현대식 난방기술과 생활방식이 도입되었지만, 단순하고 소박한 옛날 모습과 구조는 그대로여서 집이 지닌 아름다움이 잘 보존되고 있다. 또한 여전히 집에 머무는 사람들에게 완벽하고 안전한 피난처인 동시에 안식처가 되어준다. 마타와 그녀의 아들은 런던과 오두막을 오가며 생활하고 있다. 런던에서는 디자인 사업으로 정신없이 바쁘게 생활하는 그녀지만,

왼쪽 식당 중간에 위치한 투박한 나무 식탁은 거친 자연을 견뎌낸 것들에 대한 마타의 애정을 잘 보여준다. 작고 우아한 어니스트 레이스의 '앤텔롭(Antelope)' 철제 의자가 투박한 나무 식탁과 완벽하게 어울린다.

오른쪽 재활용문을 벽에 달아 모자와 외투를 거는 용도로 사용했다. 창의적인 수납으로 개성을 살린 멋진 사례다.

오른쪽 아래 식당에 연결해서 새로운 주방을 만들었다. 인더스트리얼 디자인의 아름다움이 가득한 주방은 한때 노동자의 오두막이었던 이 집의 역사에 대한 경의를 담고 있다. 그러나 실용적인 스테인리스 가전제품에는 모든 현대적인 편리함이 담겨있다.

이 집에 머무는 동안은 도시생활의 스트레스에서 벗어나 창밖 바다 풍경을 즐기며 여유 있는 시간을 보낼 수 있다.

건물은 몇 가지 확장공사를 통해 훌륭하게 거듭났다. 식당에 연결하여 추가로 지은 주방은 깔끔하고 실용적인 인더스트리얼 스타일로 꾸미고 필요한 모든 주방설비를 갖췄다. 또 사용하지 않던 다락을 확장하여 개성 있는 침실을 만들었는데, 서까래는 배의 실

내처럼 마감하고 흰색 페인트를 칠해 바다가 연상되도록 꾸몄다. 집 전체에서 느껴지는 친밀감과 안락한 느낌이 이곳에서도 계속 유지된다.

전체적인 인테리어는 이 집이 바닷가에 있다는 것을 확연히 느끼게 한다. 해변을 산책하고 돌아오는 길에 주워온 조약돌과 조가비들이 실내 곳곳에 흩어져 있어 그 자체로 자연의 아름다움을 보여준다. 거친 자연에 의해 닳고 헤진 것들에 대한 집주인의 애정을 잘 보여주는 장면이다.

마타가 이 집을 구입했을 당시에는 마치 난파선과 같은 모습이었으므로 대대적인 개보수 공사가 필요했다. 마룻바닥을 사포로 갈아내 원래의 나무가 드러나게 하고, 벽난로 주변의 벽돌 벽에도 같은 작업이 이루어졌다. 실내의 모든 벽은 원래의 석고가 나타날 때까지 공들여 벗겨냈는데, 그 결과 자연의 도료가 만들어내는 절묘한 아름다움이 드러나 마치 페인트로 효과를 낸 것처럼 보인다. 식당에는 어두운 톤의 분홍 석고벽이 드러났고, 위층 침실에는 인테리어 디자이너가 금박을 정성 들여 붙인 듯한 얼룩덜룩한 금색 벽이 나타나 작은 방을 고급스러운 분위기로 물들이고

위 마타는 천장을 제거해서 주방을 밝고 경쾌한 분위기로 만들었다. 문 위쪽으로 선반을 달아 수납공간을 확보했다.

오른쪽 문을 달지 않은 선반에는 매일 사용하는 그릇과 냄비 등 주방 필수품들을 쌓아 놓는다. 여기에 작은 그림이나 사진을 몇 개 더하면 아름다운 장면을 즐길 수 있다.

"아래층에도 방들이 있지만, 꼭대기로 올라가면 휴식하기에 좋은 조용한 공간이 있답니다."

이 페이지 거실의 장식은 크기와 모양 그리고 질감을 멋지게 조합하여 따뜻하고 편안한 느낌을 준다. 방이 어수선하지 않으면서 친밀감을 더하도록 모양과 스타일이 각각 다른 의자들을 선택했다.

"작아서 오히려 살기 편한 집이에요. 주방은 현관 바로 옆에 있고, 침실들은 작지만 여러 개여서 친구들이 놀러 와서 자고 갈 수 있어요."

왼쪽 식당에서 문을 열면 원형 그대로 보존된 계단이 나타난다. 마타는 밧줄로 만든 난간을 추가해 이 집의 역사와 자연환경을 결합했다.

아래 왼쪽 좁은 방에는 아동용 가구를 배치하면 효과적이다. 침대 아래의 수납장은 주문제작하거나 아예 서랍이 있는 제품을 선택할 수도 있다.

아래 오른쪽 층계참의 나무 외장에는 흰색 페인트를 칠했다. 가파른 사다리를 올라가면 지붕 밑 침실이 나타난다. 마타는 확장된 다락 공간이 가능하면 드러나 보이지 않기를 원했기 때문에 마치 배의 주방에서 갑판 위로 올라가는 느낌이 드는 독특하면서도 눈에 띄지 않는 장치를 만들었다.

있다. 사실 가장 쉽고 빠른 방법은 벽에 석고를 다시 바르고 그림을 거는 것이었다. 그러나 마타의 의도는 실내가 단지 깨끗해 보이는 것이 아니라, 건물의 불완전함과 자연적인 요소들이 한데 어우러지고 집을 둘러싼 주변과 연결되도록 만드는 것이었다. 그렇게 함으로써 작은 공간이 부수적인 장식들로 어수선해지지 않길 원했다.

좁은 공간에서는 'Less is More'의 규칙이 힘을 발휘하곤 한다. 칠을 벗겨낸 단순한 실내와 몇몇 감각적인 물건의 결합만으로 멋진 실내가 탄생할 수 있었다. 이런 사례들은 집안 곳곳에서 찾을 수 있다. 욕실에는 작지만 고혹적인 곡선을 유지하는 철제 욕조가 있고, 식당에는 친구들과 함께할 수 있는 크고 투박한 나무 식탁이 철제 의자들과 멋진 조합을 이루고 있다. 이 의자들은 사용하지 않을 때는 한쪽 구석에 포개놓을 수 있다. 몇 개의 재활용 가구와 빈티지 소품은 실내가 지나치게 완벽하다는 느낌이 들지 않도록 해준다. 가끔 소품에 변화를 주어 신선함을 유지해주면 좋다.

위 세심하게 선정된 몇 가지 물건들에 의해 침실이 고급스러운 공간으로 변신했다. 전체적으로는 단순한 흰색을 사용했지만 금빛 석고벽은 자연 색조의 아름다움을 보여준다. 벽에 걸린 추상화가 벽난로의 세부 장식과 절묘하게 닮아있다.

이 페이지 마타는 사용하지 않던 다락을 확장해서 한적하고 매력적인 침실로 변화시켰다.

반대편 페이지 이 고급스러운 욕조는 욕실에 맞춰 원래의 크기를 축소한 것이다.

"다른 방들이 아늑하고 따뜻하고 편안한 느낌을 주는 반면에 다락방은 멋진 전망을 가지고 있습니다."

맞은편 페이지 아파트 전체적으로 차분한 흰색 계열을 선택했다. 이 빈 캔버스에 생기 있고 대담한 빨간색과 노란색 장식품들을 도입했다.

왼쪽 첫번째 주방은 작지만 세심하게 계획된 수납 공간이 많아 와인에서 요리책까지 모든 것들을 보관할 수 있다.

왼쪽 두번째 주방에는 아만도의 보물인 에스프레소 머신을 위한 공간을 별도로 마련했다.

현대적이고 스마트하게

이 작고 현대적인 아파트는 런던 시내의 술집과 상점, 레스토랑이 모여 있는 생동감 넘치는 지역에 있다. 이 아파트는 좁은 공간이 완전한 기능을 갖춘 생활공간으로 변모할 수 있음을 보여준 훌륭한 사례다. 비좁고 답답하며 사람이 살기 힘든 공간이었을 이곳을 완벽하게 변화시킨 탁월한 디자인 해법을 만나보자.

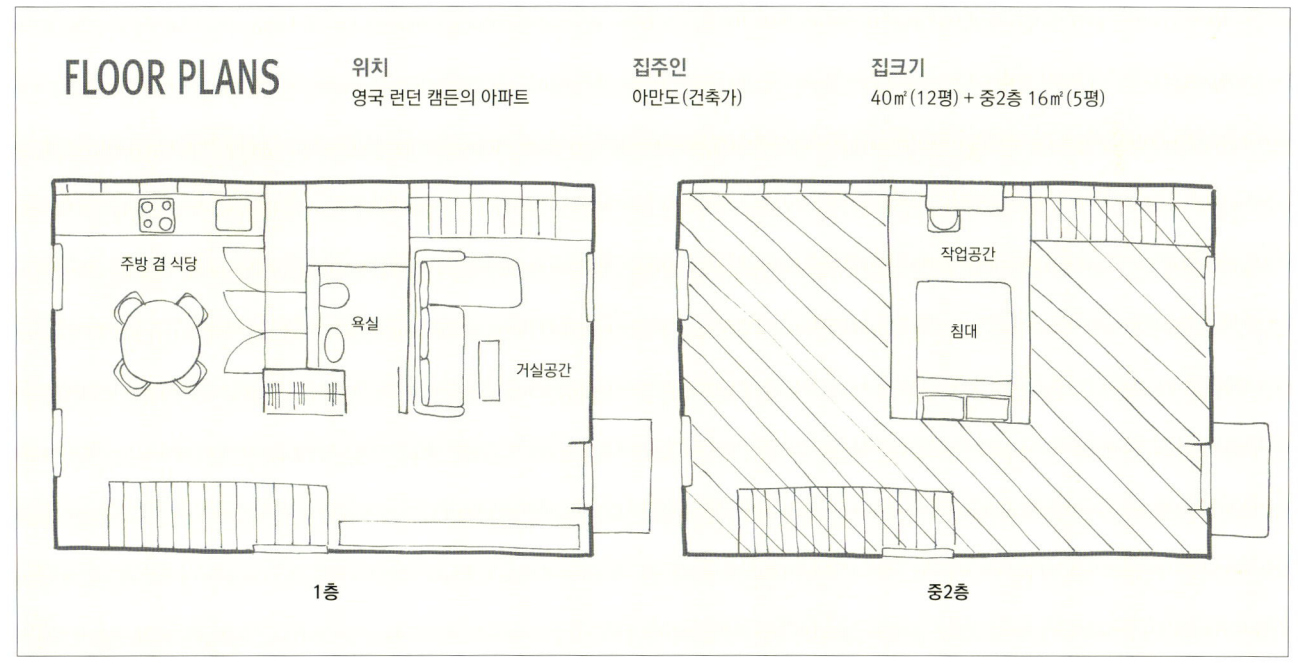

이 아파트는 약간의 창조적 사고와 현대기술의 경이로움, 그리고 훈련된 감각이 무엇을 가능하게 하는지 보여주는 멋진 사례다. 또한 공간의 잠재성을 극대화하기 위해서는 리모델링에 건축가가 참여할 필요가 있다는 것도 잘 보여준다.

아만도에게 이곳은 건축가이자 디자이너로서 단순한 거주공간 이상의 의미를 지니는 곳이었다. 또한 그의 사무실에서 베스파 스쿠터를 타고 몇 분이면 도착할 수 있는 거리에 있기도 했다. 그래서 아만도는 디자인 파트너인 휴고와 함께 이 작은 집을 세련되고 안락한 도시 아파트로 만들기로 했다.

원래는 한 채의 집이었던 이 오래된 건물은 시대적 요구에 따라 세 개의 작은 아파트로 나뉘어 팔렸고, 각각의 아파트는 도시생활자를 위한 생활공간으로 바뀌었다. 건

위 깊이가 얕은 책장에 아만도의 컬렉션과 미술작품들을 진열해 갤러리로 꾸몄다. 주기적으로 작품을 교체해 신선함을 유지한다.

오른쪽 아만도는 세계 시계를 다양한 크기로 걸고, 커피머신을 위한 수납공간을 직접 디자인해서 이 작은 공간에 개성을 부여했다.

"우리는 깔끔한 선과 밝은색으로 가기로 했습니다. 그리고 가장 중요한 것은 모든 가전제품과 수납공간을 신중하게 디자인해 통합하기로 했다는 것입니다. 간결함은 공간을 더 크고 여유 있게 만들어줍니다."

물의 맨 위층인 아만도의 아파트는 가정용 사무실과 창고로 사용되던 곳으로, 집을 구입했을 당시에는 변기와 세면대만 덩그러니 있었으나 벽은 책장들로 채워져 있어서 리모델링에 디자인적 영감을 주었다. 공간의 정확한 크기는 40㎡(12평) 정도로 작았고, 4.5m 높이의 벽과 높은 처마는 공간을 디자인하는 데 결정적인 제약요건으로 작용했다. 하지만 아만도에게는 이러한 조건이 오히려 건축적으로 흥미롭게 다가왔다. 주어진 과제는 이 좁은 공간을 현대생활에 필요한 모든 요

이 페이지 네 개의 식탁의자들은 각각 임스 부부, 베르너 팬톤, 장 푸르베 등 현대 디자인의 상징과도 같은 디자이너들의 대표작품이다. 의자만으로도 이 작은 공간에 예술적 감각이 넘친다.

반대편 페이지 아만도와 휴고는 디지털 제작기법을 사용해 시간과 비용과 노동력을 절감했다. 벽 수납장의 모든 자재들은 CNC(computer numerical control, 컴퓨터 수치제어) 기술을 이용해 정확하게 제작되었다. 디지털 기술을 활용해 오래된 건물의 내구성과 평평하지 않은 벽 상태 등을 충분히 고려할 수 있었지만, 1840년대의 오래된 건물에 벽 수납장을 설치하는 것은 일련의 도전이었다.

이 페이지 거실은 높은 천장에도 불구하고 매우 아늑하다. 코너소파에는 펠트 커버를 씌우고 울 담요와 러그를 깔았다. 여기에 낮은 수납장을 설치해 시선을 낮게 유지하고 친밀감을 높일 수 있게 했다. 수납장 위에 무심히 기대어 놓은 멋진 포스터가 드라마틱한 분위기를 연출한다.

"원래의 공간이 원룸 형태였기 때문에 안에 블록을 하나 넣음으로써 네 개의 다른 공간, 즉 주방, 식당, 거실, 욕실을 만들고 침실과 작업공간인 중2층을 만들 수 있었습니다."

왼쪽 위 독창적인 중앙 큐브는 샤워실과 주방 창고는 물론 옷과 신발을 위한 넉넉한 수납장까지 갖추고 있다.

왼쪽 아래 샤워실은 중2층의 더블베드 아래에 있다. 흰색 모자이크 타일과 생동감 있는 노란색 타일에 힘입어 밝고 환한 느낌이다.

위 지붕의 가장 뾰족한 부분에 맞춰서 만든 효율적인 작업공간. 이 책상은 실제로는 선반이며 사용하지 않을 때는 접어놓을 수 있다.

반대편 페이지 중2층 침실에는 더블베드를 놓았다. 천창이 있어서 지붕이 낮음에도 폐쇄적으로 느껴지지 않는다.

"기존의 레이아웃을 헐어내고 텅 빈 캔버스를 마주하자, 우리는 공간이 다양한 가능성을 가지고 있음을 보게 되었습니다. 그리고 아이디어들이 나오기 시작했죠."

소와 독립적인 침실을 갖춘 아파트로 만드는 것이었다. 결과적으로 이 목표는 벽을 만들지 않고도 이루어졌으며, 실내가 비좁고 밀폐된 듯한 느낌이 들지 않도록 전체적인 공간감을 극대화하는 데 초점을 맞추었다.

아만도와 휴고는 높은 천장을 활용하기 위해 중2층을 도입하고 거실과 주방, 욕실은 개별적인 공간으로 나누기로 결정했다. 그 결과 선택된 것이 큐브였다. 큐브는 그 자체가 별도로 분리된 방으로 보이며, 천장과 충분한 공간을 유지하고 있어 마치 '부유'하는 듯한 경쾌한 느낌을 주고 실내가 넓어 보이는 효과를 낸다. 중2층으로 올라가는 계단은 경사진 처마에서 영감을 얻어 디자인했다.

큐브의 내부는 여유 있는 샤워실과 화장실, 그리고 수납장과 주방용 창고까지 들어가도록 세심하게 구성했다. 그리고 중2층으로 사용이 가능한 큐브의 지붕에는 낮은 더블침대를 설치해 독립된 침실을 완성했다.

큐브와 벽은 차분한 흰색 계열로 칠하고 세부장식은 빨간색과 노란색 등 밝은 원색으로 강조했다. 또한 아만도가 사랑하는 현대미술 작품으로 아파트에 강렬한 인상을 더했다.

아만도는 깔끔하고 단순한 아름다움을 유지하기 위해 참신하고 실용적인 아이디어를 적용했다. 수납장 문은 푸시 방식의 잠금장치를 선택해 큐브의 외관을 매끄럽게 유지할 수 있도록 했다. 또한 중2층의 침대는 의도적으로 낮게 해서 아파트의 다른 곳에서는 보이지 않으며, 계단은 벽면을 채운 선반에 섞여 들어가 두드러져 보이지 않는다. 아끼는 에스프레소 머신을 위해 큐브 벽면에 작은 보관함을 만드는 등의 디테일에서 작은 것도 충분히 멋질 수 있다는 아만도의 철학이 잘 드러난다.

참고 자료

UK

유용한 자료

RIBA
66 Portland Place
London W1B 1AD
020 7580 5533
architecture.com

ASSOCIATION OF MASTER UPHOLSTERERS AND SOFT FURNISHERS
The Clare Charity Centre
Wycombe Road
Saunderton
Bucks HP14 4BF
01494 569 120
Upholsterers.co.uk

THE GUILD OF MASTER CRAFTSMEN
166 High Street
Lewes
East Sussex BN7 1XU
Guildmc.com

가구와 수납

ANOTHER COUNTRY
18 Crawford Street
London W1H 1BT
020 7486 3251
Anothercountry.com

COAST TO COUNTRY
Coast-to-country.co.uk

THE CONRAN SHOP
Michelin House
81 Fulham Road
London SW3 6RD
020 7589 7401
conranshop.co.uk

DESIGNERS GUILD
267-277 Kings Road
London SW3 5EN
020 7351 5775
Designersguild.com

THE HOLDING COMPANY
241-245 Kings Road
London SW3 5EL
020 7352 1600
theholdingcompany.co.uk

HABITAT
Habitat.co.uk

IKEA
Ikea.com

JOHN LEWIS
Johnlewis.com

MUJI
Muji.eu

PIMPERNEL AND PARTNERS
596 Kings Road
London SW6 2DX
020 7731 2448
Pimpernelandpartners.com

SOFA.COM
Sofa.com

UNTO THIS LAST
230 Brick Lane
London E2 7EB
020 7613 0882
Untothislast.co.uk

주방

BOSCH
bosch-home.co.uk

PLAIN ENGLISH
plainenglishdesign.co.uk

가정용품과 소품

BRICKETT DAVDA
Brickettdavda.com

EGG
Eggtrading.eu

GARDEN TRADING
Gardentrading.co.uk

HOLLOWAYS OF LUDLOW
Hollowaysofludlow.com

ROCKETT ST GEORGE
Rockettstgeorge.co.uk

TOAST
191 Westbourne Grove
London W11 2SB
0844 557 0460
Toast.co.uk

THE WHITE COMPANY
Thewhitecompany.com

페인트와 패브릭

CABBAGES AND ROSES
121-123 Sydney Street
London SW3 6NR
020 7352 7333
Cabbagesandroses.com

THE CLOTH SHOP
290 Portobello Road
London W10 5TE
020 8968 6001
Theclothshop.net

FARROW AND BALL
Farrow-ball.com

FIRED EARTH
Firedearth.com

LIBERTY
Regent Street
London W1B 5AH
020 7734 1234
Liberty.co.uk

THE RUG COMPANY
therugcompany.com

USA

가구와 수납

CRATE AND BARREL
Crateandbarrel.com

DWELL STUDIO
dwellstudio.com

KERF DESIGN
Kerfdesign.com

IKEA
Ikea.com

KETER
Keter.com

POTTERY BARN
Potterybarn.com

RESTORATION HARDWARE
restorationhardware.com

STACKS AND STACKS
Stacksandstacks.com

WEST ELM
westelm.com

가정용품과 소품

ANTHROPOLOGIE
Anthropologie.com

THE CONTAINER STORE
Thecontainerstore.com

JONATHAN ADLER
Jonathanadler.com

주방

COMPACT APPLIANCE
Compactappliance.com

SUMMIT APPLIANCE
summitappliance.com

BUSINESS CREDITS

SAŠA ANTIĆ
www.sasaantic.com
sasaantic.tumblr.com
Pages 16왼쪽; 28오른쪽; 30; 40; 42-43; 112-119

SYLVIE CAHEN ARCHITECT
T : +33 (0)1 73 77 38 25
E : sc@sylviecahen.com
www.sylviecahen.com
Pages 5; 18; 22; 24오른쪽; 37왼쪽위; 37오른쪽아래; 94-101; 130-137

**ARMANDO ELIAS
AND HUGO D'ENJOY**
Craft Design Co
E : info@craftdesign.co
www.craftdesign.co
Pages 3; 26-27; 148-155

SARA EMSLIE
www.saraemslie.com
Pages 4; 6; 29; 32오른쪽; 36아래; 44-53

MARIANNE EVENNOU
www.marianne-evennou.com
Pages 7; 13; 19; 20-21; 23; 54-61

**STÉPHANE GAROTIN AND PIERRE
EMMANUEL MARTIN**
Maison Hand
E : info@maison-hand.fr
www.maison-hand.com
Pages 1-2; 28왼쪽; 33아래; 39오른쪽위; 41아래; 70-85

ANNE HUBERT
www.lacerisesurlegateau.fr
Pages 20왼쪽; 24가운데; 31아래; 33위; 34; 120;129; 160

ARASH NOURINEJAD
E : info@anour.dk
www.anour.dk

KRISTINA LYKKE TØNNESEN
www.kristinalykke.dk
Pages 10-11; 24왼쪽; 32왼쪽; 35; 39오른쪽아래; 86-93

MARTA NOWICKA
www.martanowicka.com
Pages 8-9; 17; 31위; 37오른쪽위; 39왼쪽위; 41위; 138-147

PETITE VIOLETTE
Davidshallstorg 1
211 45 Malmö
Sweden
T: +46 (0)709 487 929
E: info@petiteviolette.com
www.petiteviolette.com
Pages 14; 38; 102-111

감사의 글

이 책을 출판할 수 있는 기회를 주신 라일랜드 피터스 앤 스몰 출판사 여러분들께 감사드립니다. 특히 모든 과정을 거치면서 함께 작업하는 것이 정말 즐거웠던 아나벨, 멋진 아트 디렉팅과 레이아웃을 제시해 준 레슬리와 토니, 그리고 모든 장소를 찾아내고 여행과 관련된 일들을 꼼꼼히 계획해 필요한 곳 어디든 갈 수 있도록 해주는 한편, 집으로 무사히 귀환할 수 있도록 해준 제스에게 감사를 표합니다. 인테리어의 정수를 완벽하게 포착해 정말 훌륭한 사진 작업을 해준 레이첼에게도 너무나 감사드립니다.

작은 생활 공간에 대한 영감과 생각을 공유해주고 우리의 방문을 환대해주신 모든 집주인들께 깊은 감사를 드립니다.

마지막으로 아버지, 내게 주신 끝없는 격려와 현명한 조언은 이번뿐 아니라 영원히 귀담아 듣겠습니다.

나의 아름다운 어머니를 기리며 이 책을 그분께 바칩니다.

작지만 완벽한 집
비좁고 답답한 집을 살기 편하고 아름답게

초판 1쇄 발행 | 2016년 11월 7일
초판 2쇄 발행 | 2019년 12월 12일
지은이 | 사라 엠슬리
옮긴이 | 소피아 신
펴낸곳 | 윌스타일
펴낸이 | 김화수
출판등록 | 제2019-000052호
전　화 | 02-725-9597
팩　스 | 02-725-0312
이메일 | willcompanybook@naver.com
ISBN | 979-11-85676-33-3　13610

* 윌스타일(WILLSTYLE)은 윌컴퍼니(WILLCOMPANY)의 취미·실용 전문 브랜드입니다.

이 도서의 국립중앙도서관 출판예정도서목록(CIP)은 서지정보유통지원시스템 홈페이지(http://seoji.nl.go.kr)와 국가자료공동목록시스템(http://www.nl.go.kr/kolisnet)에서 이용하실 수 있습니다.(CIP제어번호: CIP2016024492)